Vorwort

Du magst Pizza, Burger und belegte Brote, hast aber auch mal Lust auf was ganz anderes? Willst Du wissen, was hinter Begriffen wie ››Zusatzstoffe‹‹, hinter Lebensmittelskandalen und Fertigprodukten wirklich steckt?

Dann bist du reif fürs Kinder-Koch-Alphabet! Denn hier erfährst Du, was man über Lebensmittel und Essen wissen muss. Und damit kannst du selbst aktiv werden. Wenn Dir ein erfahrener »Koch« dabei zur Seite steht, umso besser. Aber mit diesem Buch schaffst du es auch alleine. Es macht dich fit fürs Kochen. Wir haben 14 Kochkindern über die Schulter und in den Topf geschaut und abgebildet, wie Kochen wirklich funktioniert.

Was das für eine Art Kochbuch ist? Ganz einfach: Im Kinder-Koch-Alphabet sind Lebensmittel wie Banane, Ei oder Möhre in alphabetischer Reihenfolge geordnet. Manchmal sind es auch ganze Lebensmittelgruppen wie Gemüse, Obst und Fisch oder Fleisch. Du findest unter diesen Begriffen insgesamt genau 68 einfache, schnelle Rezepte für jeden Geschmack. Aber das ist nur die Grundzutat des Kinder-Koch-Alphabets. Dazu kommt ein kräftiger Schuss Lexikon und ABC mit Infos über Lebensmittel, damit man dir beim Einkaufen nichts Falsches andreht. Eine Prise Lebensmittel-Geheimnisse gibt dir den richtigen Durchblick. Eine Messerspitze Essgeschichte(n) schärft deinen Essverstand. Und garniert wird das Ganze mit vielen Tipps und Ideen.

Wenn du einen Begriff oder ein Rezept mal nicht auf Anhieb findest, brauchst du nur im Register ›154 nachzuschlagen. Es hilft dir weiter. Außerdem haben wir eine Menge Museen und Webseiten ausfindig gemacht, in denen du noch mehr über Essen und Trinken erfahren kannst. Ein kleiner Sprachführer hilft dir bei allen Schweizer, österreichischen und deutschen Küchenwörtern weiter.

Alles klar? Dann schau dir bitte die Klappen vorne und hinten genau an. Und lies die Seite »Ganz wichtig« bitte zuallererst, damit dein erster Kochversuch auch gleich ein Bombenerfolg wird.
Das garantiere ich dir und wünsche dir dazu viel Spaß und einen guten Appetit. Lade Freunde zum Kochen ein, gründe deinen eigenen Kochclub und du wirst staunen, wie viel Laune das macht.

Das wünsche ich dir und allen, die dieses erste Grundkochbuch für Kinder in die Hände bekommen.

Dagmar von Cramm

Noch etwas: Ein › und eine Seitenzahl geben dir Hinweis auf weitere Infos zu dem Thema, der Pfeil → verweist dich direkt an ein Lebensmittel oder an die ganze Produktgruppe.

Essen tut gut!

Essen muss jeder Mensch. Aber kochen? Und die Zutaten selber besorgen? Schließlich gibt es jede Menge Fertiggerichte, die du unaufgetaut in den Ofen schieben kannst, Instant-Snacks, die du einfach mit kochendem Wasser aufgießt, und mit belegten Broten und Riegeln wird man ja auch satt. Ganz zu schweigen von Fast Food-Restaurants und Würstchenbuden, die es an jeder Ecke gibt.

Stimmt alles. Aber es ist überhaupt nicht egal, was du isst. Und schon bei der Auswahl der Zutaten triffst du wichtige Ernährungsentscheidungen. Denn du lernst, die Qualität von Gemüse oder Fleisch oder Käse selber zu beurteilen. Wenn du weißt, wie man Lebensmittel aufbewahrt und zubereitet, dann wird deine Ernährung nicht nur besser, sondern auch gesünder.

10 gute Koch-Gründe

1. Kochen macht Spaß – vor allem zusammen mit anderen.
2. Durch Kochen wirst du zum »Fein«schmecker.
3. Du kannst selbst bestimmen, was du isst.
4. Selbst Gekochtes schmeckt am besten.
5. Du weißt, was du auf dem Teller hast.
6. Du kannst alles vom Einkauf bis zum Servieren selbst schaffen.
7. Selbst gekocht ist superfrisch.
8. Kochen spart Geld.
9. Kochen ist ein Hobby, das dich garantiert beliebt macht!
10. Wenn keiner mehr kocht, stirbt die Kochkunst aus.

Richtig essen und trinken machen fit

Autos fahren auch mit Normalbenzin. Aber mit Super laufen sie besser und mit Superplus noch besser. Genauso ist es mit der Ernährung: Je qualitätvoller der Kraftstoff ist, den du deinem Körper zu futtern gibst, desto besser funktioniert er. Sportler haben deshalb ihren persönlichen Ernährungsberater. Den brauchst du nicht. Denn die Grundregeln sind ganz einfach. Im Alphabet-Teil diese Buchs findest du die nötigen Infos über deinen Kraftstoff und wie du ihn zubereitest. Der Ernährungskreis verrät dir etwas über die Mengen, die du tanken solltest.

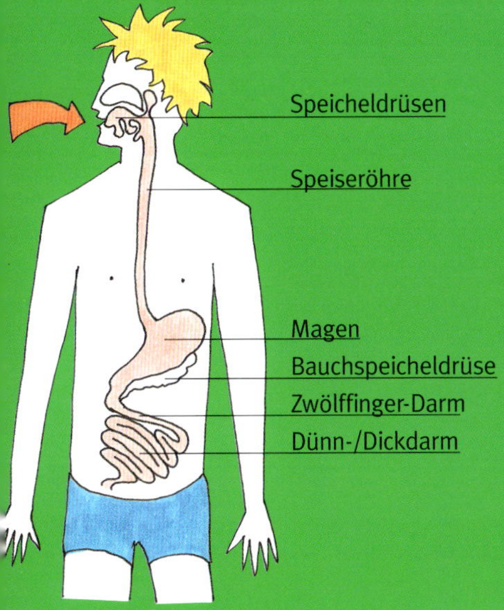

Was passiert mit dem Essen im Körper?

Unser Verdauungssystem zerlegt das Essen in so kleine Teile, dass es über die Darmwand ins Blut übergehen kann und von da aus überall hin transportiert wird. Schon im Mund beginnt der Speichel mit der Verdauung von Kohlenhydraten. Kaue einmal lange auf einem trockenen Stückchen Brot. Es wird süßlich, weil es in Zuckermoleküle zerlegt wird. Im Magen wird's dann heftig. Salzsäure rückt dem Eiweiß auf den Leib. In den Zwölffingerdarm gelangen die Säfte der Bauchspeicheldrüse, die Fette, Kohlenhydrate und Eiweiß zerlegen. Bei der weiteren Wanderung durch den Darm gehen immer mehr Ernährungsbausteine ins Blut.
Im Dickdarm wird die Flüssigkeit wieder aus dem Darm gezogen. Wenn das nicht so wäre, hätten wir ständig Durchfall.

5 am Tag

Wissenschaftler haben herausgefunden, dass der Verzehr von viel → Obst und → Gemüse ein Schutzschild gegen Krebs und andere Krankheiten bilden kann – wenn man es täglich 5mal isst. Also: Morgens 1 Tasse frische Obststückchen ins Müsli, 1 Apfel für die Schule, Salat und eine dicke Gemüseportion zum Mittagessen, nachmittags 1 Banane oder 1 Glas Fruchtsaft und abends Radieschen oder Knabbergurken.

Was brauchen wir?

Unser Körper braucht Kohlenhydrate, Eiweiß, Fett, Vitamine und Mineralstoffe. Aber die essen wir nicht, sondern → Kartoffeln, → Nudeln oder → Käse – also Lebensmittel, die diese Nährstoffe in unterschiedlichen Mengen enthalten. Der Ernährungskreis der DGE zeigt, wie viel wir wovon essen sollten. Den Löwenanteil machen die kohlenhydratreichen Lebensmittel aus: → Getreide, also Brot, Flocken, → Reis und → Nudeln sowie → Kartoffeln, → Obst und → Gemüse – davon kannst du gar nicht zu viel essen. → Milch und Milchprodukte solltest du mindestens zweimal am Tag essen, denn sie liefern Calcium für deine Knochen. → Fisch, → Fleisch oder → Ei höchstens zweimal, besser noch einmal. Sie liefern Eiweiß, Eisen, Zink und Jod. Sparsam musst du mit → Fett umgehen, nach dem Motto: klein, aber fein, also Butter, gute Öle und → Nüsse.

Ernährungs-Lexikon

Ernährungswissenschaft
An der Universität kann man Ernährungswissenschaft studieren. Ernährungswissenschaftler erforschen die Wirkung von Essen und Trinken auf den Körper des Menschen. Wie in diesem Lexikon gehört auch viel Wissen über Lebensmittel, ihre Inhaltsstoffe und wie sie verarbeitet werden dazu. Andere Fachgebiete sind die Geschichte des Essens und Trinkens, die Hygiene im Umgang mit Lebensmitteln, die Ernährungsberatung und bestimmte Diäten bei Krankheiten. Die Deutsche Gesellschaft für Ernährung (DGE) fasst diese Forschungsergebnisse zu Ernährungsempfehlungen zusammen.

Kalorien
Sie heißen eigentlich Kilokalorien und sind ein Maß für die Energie, die in Lebensmitteln enthalten ist und die unser Körper als Kraftstoff zum Leben braucht. Daher kommt auch der Ausdruck »Kalorienbombe« für sehr kalorienreiche Snacks. Wissenschaftler rechnen mit Joule. 1 Kalorie hat 4,18 Joule. Die Kalorien werden von den drei Ernährungsbausteinen Kohlenhydrate, Eiweiß und Fett geliefert.

Flüssigkeit
Wir bestehen selbst zu mehr als der Hälfte aus Wasser – je jünger wir sind, desto mehr. Dieses Wasser verlieren wir ständig über den Urin, übers Schwitzen und einfach über die Verdunstung unserer Haut. Das ist unser Trick, um die Körpertemperatur zu halten. Deshalb müssen wir täglich trinken – am besten 1 1/2–2 Liter am Tag!

Kinder schmecken besser!

Keine Sorge – hier geht es nicht um Kannibalen, sondern um deine Zunge. Du hast nämlich mehr »Geschmacksknospen« (so heißen sie wirklich) auf der Zunge als die Erwachsenen und weitere in der Wangenschleimhaut und am Gaumen. Du kannst damit vier Geschmacksarten schmecken: süß und sauer, salzig und bitter sowie Mischungen daraus. Geschmacksforscher haben zusätzlich weitere Empfindungen entdeckt: kühl wie Pfefferminzbonbons, zusammenziehend wie Rhabarber, scharf wie Senf und umami wie Fleisch.

Was beim Schmecken noch eine Rolle spielt

Dann gibt es noch das »Mundgefühl«, ob etwas dünn oder dick, sprudelnd oder prickelnd, knusprig oder zart, trocken oder saftig ist. Auch das bestimmt den Gesamtgeschmack eines Essens.
Über 10 000 verschiedene Düfte können Menschen riechen – und das gehört mit zu Geschmack. Wenn du Schnupfen hast, kannst du das Essen nicht richtig schmecken. Und wer etwas nicht mag, hält sich beim Essen die Nase zu ...
Wenn das Essen traurig und farblos aussieht, haben wir keinen Appetit darauf. Es heißt ja auch: mit den Augen essen. Beim Kochen und Anrichten ist es deshalb wichtig, dass die Gerichte appetitlich aussehen, sonst mag sie keiner.
Auch deine Ohren spielen mit: Ob es beim Essen knuspert oder gluckert, beeinflusst auch den Geschmack. Wenn man durstig ist, »zischt« man eine Schorle – und schon das Gluckern beim Eingießen oder das Zischen beim Öffnen einer Dose macht den Durst noch schöner.

Sind Kinderlebensmittel nötig?

Das Forschungsinstitut für Kinderernährung hat eine Menge Lebensmittel untersucht, die insbesondere für Kinder angepriesen werden, vor allem Süßigkeiten und Frühstücksflocken. Die meisten waren ungesünder und teurer als Produkte für Erwachsene und wild mit Vitaminen und Mineralstoffen angereichert. Viele hatten ein kleines Extra in der Verpackung. Kaufe lieber ein normales Produkt und stecke das ersparte Geld in richtiges Spielzeug!

Kinder bei Tisch, stumm wie ein Fisch?

Diese alte Regel gilt heute absolut nicht mehr! Das Tischgespräch ist genauso wichtig wie das Essen. Aber ein paar Regeln gehören immer noch dazu. Wenn du toll kochst, möchtest du sicher, dass alle das Essen genießen.

- Beim Essen wird geredet. Eine tolle Backgroundmusik ist okay, Fernsehen, Radio und Lesen lenken ab.
- Alle fangen gemeinsam an und hören zusammen auf.
- Keine Hetze – nimm dir Zeit.
- Nicht schmatzen und schlürfen, nicht rülpsen, nicht mit vollem Munde reden.
- Nicht den Ellbogen auf den Tisch, nicht den Unterarm vor den Teller legen.
- Den Tisch decken mit Tellern, Besteck und Gläsern. Servietten nicht vergessen.
- Auflaufformen und Schüsseln gehören auf den Tisch, Töpfe möglichst nicht!
- Am besten kein Selfservice am Herd – sonst gibt es ein ständiges Kommen und Gehen.
- Sets, Kerzen, Blümchen peppen die Tafel auf.
- Meckern verboten !!!

Vitamine

... sind die Zündkerzen in unserem Körper. Sie geben den Anstoß für Stoffwechselreaktionen und sorgen dafür, dass sie gut funktionieren.
Dazu reichen winzig kleine Mengen. Wenn sie fehlen, werden wir krank. Die fettlöslichen Vitamine A, K, D und E brauchen wir nicht täglich – wir können sie speichern. Die wasserlöslichen Vitamine C und die vielen Bs : B1, 2, 6, 12, Folsäure, Niacin, Panthotensäure brauchst du jeden Tag. Vitamine werden oft von Hitze, Luft und Licht angegriffen. Deshalb so oft wie möglich rohes Obst und Gemüse essen, die Gerichte möglichst frisch zubereiten und nicht warm halten.

Mineralstoffe

... haben zwei Aufgaben: Sie sind Bestandteil unseres Körpers, also der Zähne, Haare, Knochen, Muskeln, der Zellflüssigkeit. Und sie regulieren viele Abläufe im Körper. Bei jeder Muskelbewegung sind Mineralstoffe beteiligt! Wir kommen zwischendurch auch mal mit weniger aus, denn unser Körper dient auch als Reservelager, vor allem unsere Knochen. Aber wenn auf Dauer zu wenig eingelagert wird, dann gibt es Probleme. Vor allem, wenn man älter wird und die Mineralstoff-Vorräte leer sind. Mineralstoffe können ins Kochwasser übergehen und sind dann weg. Deshalb Kartoffeln und Gemüse in wenig Flüssigkeit garen oder das Kochwasser für die Sauce verwenden.

Bioaktivstoffe

... sind nicht absolut lebensnotwendig, aber sie machen uns wirklich fit. Sie sind noch nicht so lange erforscht wie die Vitamine, aber im Moment sind sie die absoluten Stars der Forschung. Denn sie scheinen viele Schutzfunktionen zu haben, die in unserem Leben für Gesundheit und eine höhere Lebenserwartung sorgen. Viele dieser Stoffe kommen als natürliche Farb-, Duft- und Aromastoffe in → Obst und → Gemüse vor. Auch Milchsäure und Ballaststoffe zählen zu den Bioaktivstoffen.

Ballaststoffe

... wurden so genannt, weil wir sie nicht verdauen können. Sie galten als unnötiger Ballast im Darm. Dann hat man herausgefunden, dass sie superwichtig sind, um unsere Verdauung in Schwung zu halten. Sie haben die Fähigkeit, schädliche Substanzen, die bei der Verdauung übrig bleiben, festzuhalten und ins Klo zu befördern. Außerdem sind sie Nahrung für die Darmbakterien und sorgen so für einen gesunden Darm. Ballaststoffe kommen in → Obst, → Gemüse und → Getreide vor. Je mehr du ein Lebensmittel kauen musst, desto höher ist sein Ballaststoffgehalt.

Zu dick, zu dünn?

Dein Körper arbeitet wie eine komplizierte Maschine: Wenn du längere Zeit mehr hineinsteckst, als du verbrauchst, setzt sich der Überschuss (die Energiereserven) als Fettpolster an. Dagegen hilft auf Dauer nur, mehr zu verbrauchen, also rennen schwimmen, sporteln und bewusster essen. Wer dabei Hilfe braucht, findet sie über seine Krankenkasse. Umgekehrt: Wer mehr verbraucht, als er isst, nimmt ab. Also: Vergiss nicht zu essen. Abnehmen fällt Kindern eher leicht, weil sie ja wachsen – das macht bei gleichem Gewicht von selber schlank.

Kohlenhydrate

... werden vor allem von Pflanzen gebildet. Deshalb sind sie vor allem in → Obst, → Gemüse und → Getreide enthalten. Je mehr du davon isst, desto besser. Denn sie enthalten jede Menge Substanzen, die gesund und munter machen: Vitamine, Mineral- und Ballaststoffe und Bioaktivstoffe. Bei der Verdauung werden Kohlenhydrate zu Glukose, einem Zucker (› 148), aufgespalten. Sie dient vor allem dem Gehirn und den Muskeln als Energiespritze. Was nicht verbraucht wird, kann auch in Fett umgewandelt werden. 1 g Kohlenhydrate liefert 4 Kalorien Energie.

Eiweiß

... ist der Grundbaustein unserer Zellen. Du brauchst es, um zu wachsen, also um neue Zellen aufzubauen und alte Zellen zu reparieren. Es ist Teil unserer Erbinformation und für die Abwehr von Krankheiten verantwortlich. Wie bei Kohlenhydraten wird ein Überschuss zu Fett umgewandelt. Fleisch, Fisch, Milch (und -produkte) und Ei sind die wichtigsten Eiweißlieferanten. Es gibt aber auch eiweißreiche Pflanzen: → Hülsenfrüchte, Pilze, → Nüsse, Samen und → Getreide. Pflanzliches und tierisches Eiweiß ergänzen sich ideal: Kartoffeln mit Ei gebendas beste Eiweiß. 1 g Eiweiß liefert 4 Kalorien Energie.

Fett

... ist unser Energiespeicher. Außerdem haben Fettpolster, die auch schlanke Menschen haben, die Aufgabe, innere Organe, Muskeln und Knochen zu schützen, vor Kälte zu isolieren und für Hungerzeiten Speicher anzulegen. Sie sind Baustein unserer Zellwände und wichtiger Hormone. Fett ist einerseits in → Fleisch, → Fisch, → Eigelb und → Milch enthalten, andererseits in → Nüssen und Samen. Zuviel Fett kann krank machen, deshalb solltest du sparsam damit umgehen. Denn 1 g Fett liefert 9 Kalorien!

A wie Apfel

Äpfel werden seit über 6000 Jahren angebaut. Sie stammen aus Kleinasien. Die große Bedeutung des Apfels zeigt sich in den Symbolen aus der Volkskunde: In der Bibel gibt Eva Adam den Apfel als Symbol der Verführung; als Reichsapfel ist er ein Symbol der Macht; genauso beim Schweizer Wilhelm Tell, der auf den Apfel schießt; der Apfel ist ein Symbol der Fruchtbarkeit und gilt als Liebesfrucht. Der Weihnachtsapfel ist aus dem Glauben entstanden, bestimmte Apfelbäume würden zur Weihnachtszeit gleichzeitig blühen und Früchte tragen.

Der Apfel ist das Lieblingsobst der Deutschen: 40 kg isst jeder im Jahr!

Was aus Äpfeln alles gemacht wird

Apfelmus – Apfelkompott – Apfelgelee – getrocknete Apfelringe – Apfelkraut (zu Sirup gekochter Apfelsaft) – Apfelsaft – Apfelfruchtsaftgetränk – Apfelwein oder Cidre – Apfelessig – Apfelschnaps oder Calvados – Pektin fürs Einmachen

Beiß nicht gleich in jeden Apfel …

… zuerst den Apfel waschen, am besten mit warmem Wasser. Denn manche Äpfel haben eine Wachsschicht – die löst sich so besser. Mehrere Äpfel in einer Schüssel waschen – das spart Wasser.

… dann feste abreiben. Untersuchungen ergaben nämlich, dass Schadstoffe wie Blei, die durch die Luft auf den Apfel gelangen, so am besten entfernt werden.

… jetzt reinbeißen – aber bitte lieber mit Schale! Da sind nämlich die besten Dinge drin und direkt drunter, wie Vitamin C und Schutzstoffe. Die zuerst den Apfel schützen und stärken – und dann den Menschen.

Apfel-Medizin

› **»Ein Apfel pro Tag erspart dir den Arzt im Haus«:** Im Apfel sind so viele gesundheitsfördernde Stoffe, dass du täglich einen essen solltest.

› **Geriebener Apfel hilft bei Durchfall** – sein Pektin saugt Flüssigkeit und Keime im Darm auf. Das funktioniert nur bei rohem Apfel. Er wird schnell braun – das macht nichts. Wichtig ist eine richtige Reibe.

› **Apfelmus dagegen hilft bei Verstopfung.** Geschälte Apfelspalten mit einigen Löffeln Wasser etwa 10 Minuten kochen lassen und mit Zucker abschmecken. Wer's fein mag, püriert es noch. Apfelmus schmeckt besonders gut, wenn 1 Zimtstange und Rosinen mitkochen.

Apfel-Lexikon

Äthylen

Äpfel atmen auch nach der Ernte. Dabei geben sie Äthylen ab. Dieses Gas beschleunigt die Reifung – und das Verderben von Obst. Deshalb Äpfel immer extra und luftig aufbewahren. Oder neben Frischem lagern – wie → Tomaten oder → Bananen – die noch nachreifen müssen.

CA: controlled atmosphere = kontrollierte Atmosphäre

Äpfel werden bei uns nur von August bis Oktober geerntet. Dann kommen sie ins »CA«-Lager, ein künstlich hergestelltes Klima. Statt 21 Prozent Sauerstoff hat die CA nur 1–2 Prozent, dafür jede Menge Kohlendioxid, viel Luftfeuchtigkeit und Kälte. So bleiben Äpfel fast 1 Jahr knackig. Allerdings verderben sie schneller, wenn sie dann aus dem Lager kommen.

Handelsklassen

»Extra, 1, 2, und 3« sagen nichts über Geschmack oder Gesundheitswert von Obst aus – sie bestimmen nur Größe und Aussehen. Kleine Äpfel mit Macken schmecken oft am besten – und sind billiger!

Pomologie

bedeutet Apfelkunde (»Pomme« – Apfel auf Französisch). Und der Pomologe ist ein Forscher, der alte Apfelsorten erkundet. Mach's ihm nach: Schnupper und schmeck dich durch die Sorten!

Streuobstwiesen

– das sind keine Plantagen, sondern Bauernwiesen mit verstreut gepflanzten Einzelbäumen – toll für Tiere, Pflanzen und für den Geschmack. Saft daraus schmeckt besonders gut.

Boskop

Es gibt ihn rot oder gelb; er ist der ideale Back- und Bratapfel. Er hat eine dicke Schale, schmeckt ziemlich sauer und wird schnell braun.

Cox Orange

gibt's schon ewig. Er ist sehr aromatisch, fein säuerlich und ein bisschen mürbe. Für alles geeignet.

Elstar

Er hat von seinem Vater, dem Delicious, das milde Aroma und die Stippchen geerbt. Schön zum so Essen, für Desserts – und Raspeläpfel.

Gala

ist eine neue rote zartschalige Sorte und schmeckt süß-säuerlich, saftig und mürbe, ganz nach der aktuellen Apfelmode. Auch der Weihnachtsapfel ist meist ein (roter) Gala.

Golden Delicious

Man erkennt ihn an der gelben Farbe und seinen Stippen. Er ist supermild und süß. An den Schnittflächen wird er kaum braun. Gibt's auch in Rot. Gut zum Reiben.

Granny Smith

Ihn erkennt man leicht an seiner quietschgrünen Farbe. Er ist zu saftig-knackig-wässrig für die Küche – also pur essen.

Jona Gold

Diese Apfelsorte wurde aus Delicious und Jonathan gezüchtet, schmeckt süß-säuerlich und besonders aromatisch und saftig: Prima zum so Essen.

Idared

Er ist ein roter Newcomer, schmeckt säuerlich-frisch-mürbe und ist super für Küchlein, Kompott und Kuchen geeignet.

Bratäpfel

Zutaten für 4 Bratäpfel:

Fett für die Form

4 säuerliche Äpfel (Boskop)

4 EL Schoko-Knusper-Müsli (Fertigmischung)

> Den Backofen auf 180° vorheizen. Den Boden einer feuerfesten Form mit Fett einstreichen. Die Äpfel waschen und die Kerngehäuse mit einem Apfelausstecher entfernen.

> Das Knuspermüsli in die Äpfel füllen. Die Äpfel in die Form setzen und im Backofen (Mitte, Umluft 160°) etwa 25 Min. braten.

SO SCHMECKT'S AUCH:
Statt Knuspermüsli kannst du auch 3 EL gehackte Nüsse mit 3 EL Rosinen und 3 EL Johannisbeergelee mischen und in die Äpfel füllen.

So könnt ihr den Bratapfel schön anrichten: Apfel auf den Teller setzen, Müsli drumrum und Puderzucker draufstreuen ...

Für gebackene Apfelspeisen eignen sich mürbe Sorten am besten: Sie zerfallen nicht so leicht.

Gebackene Apfelspalten

> Die Eier mit einem Schneebesen oder dem Handrührgerät verquirlen. Abwechselnd etwas Mehl und Milch dazugeben und beim Rühren darauf achten, dass keine Klümpchen entstehen. Mit 1 Prise Salz würzen, 1 Schuss Mineralwasser unterrühren **(Bild 1)**.

> Die Äpfel waschen, schälen, vierteln und die Kerngehäuse entfernen. Die Äpfel in Spalten schneiden **(Bild 2)**.

> 1–2 TL Butter in eine beschichtete Pfanne geben und ganz heiß werden lassen. Die Apfelspalten nacheinander mit einer Gabel in den Pfannkuchenteig tauchen und in der Pfanne von beiden Seiten goldbraun backen **(Bild 3)**.

> Zucker mit Zimt mischen und über die fertigen Apfelspalten geben – schmeckt heiß am besten!

SO SCHMECKT'S AUCH:
Feste Bananenstückchen kannst du so auch prima zubereiten.

Tipp
Je dünner die Spalten, desto schneller wird der Apfel weich.

Rezept A

Zutaten für 4 Kinder:

2 Eier, 120 g Mehl
120 ml Milch, Salz
1 Schuss Mineralwasser
4 Äpfel (Idared oder Elstar)
Butter zum Ausbacken
100 g Zucker
2 TL Zimtpulver

1 ›

Zum Rühren eine große Schüssel nehmen und gut festhalten.

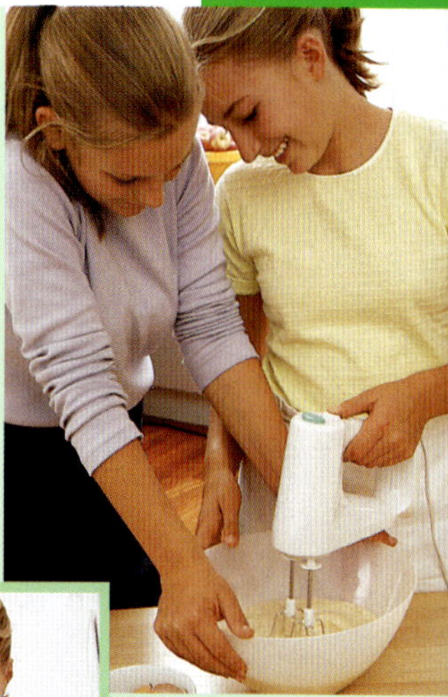

‹ 2

Äpfel erst vierteln, dann mit einem Sparschäler schälen und dann das Kerngehäuse herausschneiden.

3 ›

Die Apfelspalten am besten mit einem Löffel in die Pfanne heben – dann wird die Teighülle schön dick.

B wie Banane

Als die Banane vor 100 Jahren zu uns kam, hatte sie eine jahrhundertelange Weltreise hinter sich: Von Südostasien über den Orient nach Afrika, auf die Kanarischen Inseln und dann nach Süd- und Mittelamerika, woher unsere Supermarkt-Bananen vorwiegend kommen. Ihren arabischen Namen (»banan« = Finger) hat sie von dieser Reise.

Bananen reifen nach

Bananen reifen nie am Baum – sie würden dabei mehlig werden und platzen. Deshalb pflückt und transportiert man sie noch grün. Sie reifen im Zimmer schnell nach. Dabei wandelt sich Stärke in Zucker um.

Grün: So kommt die Banane aus dem Lager: 0% Zucker und 23% Stärke. Sie schmeckt pelzig-stumpf und nicht süß. Scheiben kann man in Öl zu Chips frittieren.

Gelbgrün: etwa 15% Zucker und 4% Stärke. Super für gebackene Bananen und Bananenschnitze.

Gelb: ideal mit 20% Zucker und 3% Stärke. Schmeckt süß-frisch.

Gelb mit Punkten: vollreif, 22,4% Zucker und 0,6% Stärke. Schmeckt süß und leicht mehlig, super für Bananenquark und –milch.

Braun: Überreif, hat innen braune Verfärbungen, ist matschig – geht eventuell noch für Bananenmilch (› 11).

Bananen-Lexikon

Bananenrepublik

... ist ein Land, in dem das Geld großer Firmen die Politik bestimmt. Einige Länder in Mittelamerika wie Honduras, Panama, Costa Rica und Guatemala sind abhängig vom Bananenverkauf. Und der ist in der Hand weniger »Bananenmultis«, die die Politik dort so stark beeinflussen, dass daraus dieser feste Begriff wurde.

Warum ist die Banane krumm?

Aus der Blüte entwickeln sich Kränze, aus denen die Bananen (jetzt nennt man sie »Finger«) herauswachsen. Ein einziger Blütenstand kann bis zu 300 Bananen entwickeln. Aus der Staude wachsen die Bananen seitlich heraus und dann, unter dem Einfluss von Licht nach oben – entgegen der Schwerkraft. Dabei werden sie krumm.

Mini-Midi-Maxi

Die größten Bananen sind die Kochbananen, die in Südamerika wie Kartoffeln verarbeitet werden – sie sind roh ungenießbar. Dann folgen die normalen Mittelamerika-Bananen. Etwas kleiner sind Bananen aus Afrika und die »Euro-Bananen« von den Kanarischen Inseln. Minibananen sind besonders aromatisch und teuer.

Sehr reife Bananen lassen sich besonders gut pürieren und sind deshalb für den Bananenquark ideal.

Zutaten für 4 Kinder:

2 reife Bananen
3–4 EL Zitronensaft
500 g Magerquark
2–3 EL Zucker
etwas Mineralwasser
3–4 EL Raspelschokolade

Bananen-Stracciatella-Quark

> Die Bananen schälen **(Bild 1)** und in Scheiben schneiden – am besten direkt in eine kleine, hohe Rührschüssel.

> Zitronensaft dazugeben (dann wird das Bananenfleisch nicht braun) und alles mit dem Pürierstab pürieren.

> Bananenmus unter den Quark schlagen **(Bild 2)**, dabei nach Geschmack zuckern. Ist der Quark zu dick, noch etwas Mineralwasser dazugeben. Zum Schluss die Raspelschokolade untermischen.

1 ›

Die Banane nicht am Stiel öffnen, sondern am unteren Ende mit dem Fingernagel einkerben und aufbrechen.

2 ›

Das Bananenmus mit dem Schneebesen unter den Quark rühren.

Bananenmilch

> Die Milch in einen Mixer gießen. Die Bananen schälen und hineinschneiden. Vanillezucker dazugeben und vielleicht noch ein wenig Zucker.

> Den Deckel des Mixers fest verschließen (!) und den Mixer anstellen. Die Milch in Gläser gießen **(Bild 1)** – fertig! Am besten schmeckt's mit Strohhalm. Wer mag, gibt im Sommer noch Eiswürfel dazu.

Tipp
Je süßer (=reifer) die Bananen sind, desto weniger Zucker brauchst du. Probier erst, bevor du Zucker dazugibst.

Zutaten für 4 hohe Gläser:

3/4 l kalte Milch (am besten 1,5% Fett)
3 reife Bananen
1 Päckchen Vanillezucker
Zucker

‹ 1

Am schnellsten gelingt die Bananenmilch im Mixer. Am besten das erste Mal mit etwas Wasser das Mixen, Abnehmen und Gießen üben ...

B wie Beeren

Beeren sind vor allem klein. Alle haben winzige Kerne außen oder innen, die mitgegessen werden. Sie pflanzen sich meistens durch Ranken und Ableger fort. Es gibt sie wild oder gezüchtet. Am besten schmecken sie roh – bis auf Wildbeeren.

Beeren sammeln

Du solltest Beeren nur in Bauchhöhe sammeln und abseits vom Verkehr. Im Wald könnten sie Eier des Fuchsbandwurms enthalten. Und wer die isst, stirbt an den Folgen. An Straßenrändern bekommen die Beeren zu viele Abgase ab und Wegränder dienen oft als Hundeklo. Du kannst auch auf eine Beerenplantage gehen, die gibt es inzwischen ja nicht nur für Erdbeeren. Beeren müssen reif geerntet werden (sie reifen nicht nach): Sie sollten eine kräftige Farbe haben und duften.

Frische Beeren verarbeiten

Beeren mit fester Schale wie Stachel-, Erd- und Johannisbeeren nur kurz in einem Sieb abbrausen.
Zarte Himbeeren am besten nur auslesen.
Das Grün lässt sich bei reifen Erdbeeren abzupfen , sonst abschneiden. Johannisbeeren streifst du am besten mit einer Gabel von der Rispe.

Beeren-ABC

Brombeeren

wachsen wild an rankenden, stacheligen Sträuchern, schmecken süß und haben ein festes Inneres. Deshalb lassen sie sich gut backen wie Apfelspalten (› 9) oder wie in Clafoutis (› 15). Sie sind reich an Magnesium.

Erdbeeren

wachsen an kleinen, rankenden Büschen und sind reich an Vitamin C und Folsäure. Besonders aromatisch sind die wilden Walderdbeeren.

Heidelbeeren

heißen auch Blaubeeren und wachsen wild und auf Plantagen. Sie haben wenig Säure und sind deshalb super in Milchmix oder mit Zucker und Milch oder Schlagsahne. Getrocknet helfen sie gegen Durchfall.

Himbeeren

wachsen an stacheligen Ranken. Sie sind leicht verderblich, schmecken auch tiefgekühlt. Sie enthalten viel Eisen. Toll in Buttermilch- oder Joghurtmix oder püriert als Sauce.

Johannisbeeren

Es gibt sie weiß, rot und schwarz. Die schwarzen schmecken am besten als Cassis-Sirup, die roten als Gelee. Sie sind sauer und gelieren besonders gut.

Kapstachelbeeren

kommen aus Kapstadt bzw. Südafrika und haben nichts mit Stachelbeeren zu tun. Am besten schmecken sie roh – ohne die Lampionhülle.

Preiselbeeren

sind roh sehr säuerlich. Man isst sie als Kompott und Konfitüre zu Wild und Geflügel. Sie enthalten Benzoesäure – das macht sie sehr haltbar.

Stachelbeeren

gibt's rot, grün, gelb. Sie wachsen an Sträuchern, sind säuerlich und reich an Ballaststoffen. Reife Beeren schmecken am besten unverarbeitet, unreife eignen sich für Kompott und Gelee.

Beeren-Lexikon

Künstliche Aromastoffe
Schmeckt nach Beere, ist aber keine: Man kann das natürliche Aroma genau nachahmen, ja an Intensität übertreffen. Erdbeeraroma z.B. wird aus Sägemehl gemacht! Bei Eis und Joghurt deshalb genau auf der Zutatenliste (› Klappe D) nachschauen, was drin ist. Oder gleich selber machen!

Vorsicht Schimmel
Beeren schimmeln schnell, weil ihre dünne Haut leicht kaputt geht und Saft verliert. Beim Einkaufen abgepackte Beeren möglichst von unten anschauen: Da werden sie zuerst faul und schimmelig. Beeren solltest du möglichst frisch essen oder zuckern – das konserviert. Oder locker in einer großen Plastikbox im Kühlschrank aufbewahren. Beeren mit faulen oder schimmeligen Stellen nie essen – das Pilzgewebe (› 19) zieht sich unsichtbar durch die ganze Beere.

Tiefgekühlte Beeren
Vor allem Himbeeren, Brombeeren, Johannisbeeren und Blaubeeren halten sich im Eis sehr gut. Deshalb lassen sich die Rezepte auch mit tiefgekühlten Beeren machen. In Clafoutis (› 15) und auch in Milchmixe kannst du die Beeren gefroren geben, fürs Schichtdessert (› 14) zuckern und auftauen lassen. Übrigens: Eis-Himbeeren lutschen schmeckt wie saure Drops!

Wilde Beeren
Die meisten sind giftig oder schmecken roh nicht, manche werden durch Kochen essbar. Sie können recht »wild« schmecken und haben haufenweise Vitamine und Mineralstoffe – deshalb gibt es Wildbeeren-Produkte meist im Reformhaus und Naturkostladen.
Holunderbeeren schmecken als Kompott und Saft. Vogelbeeren und Sanddorn ergeben einen Super-Saft. Aus Hagebuttenkerne macht man Juckpulver, das Mark wird zu Konfitüre (› 139) gekocht. Getrocknete Berberitzen kann man als Gewürz z.B. im → Reis mitkochen.

Zutaten für 4 Kinder:

600 g Lieblingsbeeren

6–8 EL Zucker

150 g Sahne

500 g Naturjoghurt

125 g Löffelbiskuit (1 Packung)

In diese Joghurtspeise passen alle Beeren, die es gerade auf dem Markt gibt.

‹ 1

Der Saft, den gezuckerte Beeren bilden, süßt die ganze Speise.

2 ›

Achte darauf, dass Sahne und Gefäß ganz kalt sind, dann wird die Sahne schön steif.

‹ 3

Jetzt weißt du, warum die Speise Schichtdessert heißt.

Beeren-Schichtdessert

> Die Beeren putzen, waschen und verlesen. Die schönsten zur Dekoration beiseite legen. Die übrigen mit 2–4 EL Zucker bestreuen – bei sauren Beeren eher mehr, bei süßen weniger (→ Tipp). Etwa 15 Min. stehen lassen **(Bild 1)**.

> Die Sahne steif schlagen **(Bild 2)**, dabei 2–3 EL Zucker einrieseln lassen. Wenn sie steif ist, nach und nach den Joghurt dazugeben. Dabei nur noch leicht schlagen. Abschmecken und nach Geschmack etwas nachzuckern.

> In eine Glasschale zuerst eine Schicht Löffelbiskuits geben. Darauf kommen Beeren mit Saft und Joghurt, dann Biskuits, Beeren und wieder Joghurt. Je nach Gefäß 2–3 Lagen einschichten **(Bild 3)**, mit Sahnejoghurt aufhören. Noch etwa 30 Min. im Kühlschrank ziehen lassen und vor dem Servieren mit Beeren verzieren.

Tipp

Beeren für Desserts bestreust du am besten mit etwas Zucker und lässt sie 15 Min. stehen. Dann bildet sich Saft und der Zucker zieht in die Beeren ein. Große Beeren klein schneiden, damit sie besser durchziehen.

Blitzrezept: Erdbeerspießchen mit Dip

Große Beeren eignen sich zum Dippen: Holzspießchen in die geputzte Beere stecken. Und zum Dippen Fruchtjoghurt, Bananen-Stracciatella-Quark (› 11) oder einen Mix aus Quark, Orangensaft und Zimtzucker rühren.

Dieser Kuchen kommt aus Frankreich und ist nichts anderes als ein dicker Pfannkuchen, der im Ofen gebacken wird. Am besten schmeckt er warm! Ausgesprochen wird er »Klafuti«.

Zutaten für 4 Kinder:

etwa 400 g gemischte Beeren
4 Eier, 60 g Zucker
200 g Mehl
200 g Naturjoghurt
1/8 l Milch, 2 Msp. Salz
Butter zum Einfetten
Puderzucker zum Bestäuben

Beeren-Clafoutis

> Den Backofen auf 200° vorheizen und eine feuerfeste runde Form (eine Springform oder, wie auf dem Foto, eine Pieform) einfetten **(Bild 1)**. Die Beeren verlesen, abbrausen und abtropfen lassen.

> Die Eier trennen. Eigelbe mit Zucker, Mehl und Joghurt mit den Quirlen der Küchenmaschine verrühren. Zum Schluss die Milch unterrühren **(Bild 2)**.

> Eiweiße mit 1 Prise Salz steif schlagen und mit einem Kochlöffel unter den Teig heben.

> Teig in die Form füllen und mit Beeren belegen **(Bild 3 und 4)**. Den Auflauf im Backofen (Mitte, Umluft 180°) etwa 30 Min. backen. Nach dem Backen mit Puderzucker bestäuben.

SO SCHMECKT'S AUCH:
Der Kuchen klappt auch gut mit Sauerkirschen. Du kannst den Kuchen auch mit tiefgefrorenen, nicht aufgetauten Beeren belegen.

1 ›

Die Form an allen Ecken und Kanten gut einfetten, damit der Kuchen sich nachher leicht herauslöst.

‹ 2

Erst Eigelbe mit Zucker, Mehl, Joghurt und Milch verrühren.

3 ›

Den fertigen Teig in die Form füllen.

‹ 4

Die geputzten Beeren auf den Teig legen, sie sinken beim Backen ein.

B wie Brokkoli

Bröckelkohl – so hieß Brokkoli früher. Er sieht fast aus wie ein kleiner Baum. Aber eigentlich ist er eine Blume, die zur Kohlfamilie gehört. Gegessen wird er als Knospe, am besten fest und dunkelgrün. Gelbliche Stellen zeigen, dass die Knospe schon aufgeblüht und nicht mehr frisch ist. Tiefgefrorener Brokkoli schmeckt genau so gut wie frischer – er ist aber schon in 5 Minuten gar; frischer braucht 10 Minuten.

Noch mehr Knospen

Auch bei anderen Kohlarten werden die Knospen gegessen: Blumenkohl, der grüne Romanesco mit seinen Türmchen und Rosenkohl (› 55). Sie eignen sich nicht so gut zum Dünsten, sondern eher zum Kochen in wenig gesalzenem Wasser wie Pellkartoffeln (› 78). Aus dem Garwasser lässt sich eine Béchamelsauce (› 64) machen.

Brokkoli kochen

Als Erstes den Brokkoli waschen. Dann die Röschen vom Strunk abschneiden, dabei einen kleinen Stiel dranlassen.

Den Strunk und die Reststiele ein wenig glattschaben, dann in dünne Scheiben schneiden – so wird er schneller gar.

Die Stiele brauchen länger, bis sie gar sind als die Röschen. Deshalb werden sie klein geschnitten und kommen zuerst in den Topf.

Was riecht da so?

Man riecht es schon an der Haustür, wenn Brokkoli, Blumenkohl oder anderer Kohl gekocht wird. Das liegt an den »Glucosinolaten«, die in jedem Kohl sind. Sie gehören zu den Bioaktivstoffen und machen fit gegen Bakterien – und sogar gegen Krebs. Supergesund, also.

Die Brokkoli-Röschen sehen fast aus wie kleine Bäume.

Zutaten für 4 Beilagen:

800 g Brokkoli

1 EL Butter

1/2 Tasse Wasser

1/2 TL Salz

Gedünsteter Brokkoli

> Brokkoli vorbereiten, wie auf Seite 16 beschrieben **(Bild 1)**.

> Die Butter in einem breiten Topf erhitzen. Zuerst die Stiele darin andünsten. Nach etwa 5 Min. die Röschen dazugeben und das Wasser mit Salz dazugießen **(Bild 2)**.

> Deckel auf den Topf legen und den Brokkoli bei schwacher Hitze 8–10 Min. dünsten. Wenn die Stiele beim Einstechen weich sind, ist das Gemüse fertig.

> Mit gerösteten Semmelbröseln oder Käsebéchamelsauce (› 64) essen. Dazu passt Kartoffelpüree (› 78).

1 ›

Wie du Brokkoli vorbereitest, steht auf Seite 16.

‹ 2

Wasser zum Brokkoli gießen und bei schwacher Hitze dünsten.

Brokkoli-Nudel-Auflauf

Zutaten für 4 Kinder:

1 großer Brokkoli (etwa 700 g)

etwa 400 ml Instant-Gemüsebrühe (› 42)

1/2 TL Salz, weißer Pfeffer, Muskatnuss

250 g schmale Bandnudeln

150 g Sahne

150 g frisch geriebener Käse (z.B. Gouda, Emmentaler)

Fett für die Form

> Den Backofen auf 180° vorheizen. Eine Auflaufform fetten. Den Brokkoli vorbereiten (› 16). Die Brühe aufkochen lassen, die Brokkoliröschen darin 8–10 Min. dünsten, dann in ein Sieb abgießen. Die Brühe in einer Schüssel unter dem Sieb auffangen.

> Die Nudeln mit dem Brokkoli in der Form verteilen. Die Brühe mit der Sahne und dem Käse verrühren und mit Salz, Pfeffer und Muskat abschmecken. Über den Auflauf gießen. Im heißen Backofen (Mitte, Umluft 160°) in 45 Min. goldbraun backen.

Die Nudeln quellen während des Backens, deshalb ist viel Flüssigkeit nötig.

B wie Brot

Mehr als 300 unterschiedliche Brotsorten gibt es allein in Deutschland. Dabei sind die Grundzutaten immer: Getreide, Wasser und Salz. Dazu kommt ein Sauerteig-Ansatz oder Hefe. Den Unterschied machen die weiteren Zutaten und die Zubereitungsart aus. Und die mehr als 100 Zusatzstoffe, die Brot enthalten kann.

Brot-Symbole

Brot steht für Nahrungsmittel schlechthin. Die Achtung der Menschen davor zeigte sich schon in heidnischer Zeit: Brot wurde in Formen gebacken und Dämonen und Geistern geopfert; es sollte Gesundheit und Glück bringen. Daher kommen Brezeln, Zöpfe, Weckmänner, Stollen oder Bagels.

Zum Einzug in ein neues Haus oder zur Hochzeit werden Salz und Brot überreicht und in christlichen Haushalten wird vor dem Anschneiden ein Kreuz über den Brotlaib gezogen. Im »Vaterunser« wird um Brot gebeten und im Abendmahl steht es im Zentrum der Handlung. »Brot für die Welt« meint Essen und Leben für alle.

Kurzgeschichte des Brots

Zuerst aß der Mensch Brei aus → Getreide und Wasser, bis er vor mindestens 8000 Jahren entdeckte, dass man ihn auch backen kann. Das Urbrot war ein flacher Fladen wie das Chapati (› 19). Als einmal Mehlbrei stehen blieb, wurde er sauer und fing an zu gären. Man buk ihn und hatte einen Fladen, der viel lockerer war als bisher, leichter zu kauen, sättigender und der länger frisch blieb.

Das Urbrot – Chapati

Für 8 Stück 2 Tassen Weizenmehl (am besten Type 1050; (› 61) mit 1/2 TL Salz verkneten (am besten mit den Händen), dabei nach und nach 1/2 Tasse Wasser dazugeben.

Wenn der Teig gut knetbar ist, erst einmal die Hände vom Teig befreien, gut einmehlen und aus dem Teig 8 Fladen formen.

Das kannst du mit dem Nudelholz machen oder wie ein Pizzabäcker aus der Hand.

In einer beschichteten Pfanne 1/2 TL Fett (Butter oder Öl) erhitzen, 1 Fladen etwa 2 Min. backen, wenden und von der anderen Seite nochmal 2 Min. backen. Die anderen genauso backen. Heiß essen!

Brot-Lexikon

Brot frisch halten
Am besten ist es in einem sauberen Plastikbeutel im Brotkasten aufgehoben.

Hefeteig
Hefe ist ein Treibmittel, das den Teig von innen aufplustert. Große Kälte, Fett und Salz mag sie nicht, Wärme und Süßes lassen sie »gehen«. Frische Hefe gibt's als Würfel – sie muss in lauwarmem Wasser aufgelöst werden. Trockenhefe wird direkt mit dem Mehl gemischt.

Sauerteig
Roggenmehl, Wasser und Salz werden mit Sauerteig »geimpft« und gären vor dem Backen 1 Woche lang.

Zwieback
ist eigentlich ein weiches, süßes Brot. Es wird in Scheiben geschnitten und ein zweites Mal gebacken – »zwie« = zwei, daher der Name. Dadurch wird es haltbar.

Was tun mit altem Brot?
Sobald Brot Schimmelstellen hat, muss man den ganzen Laib wegwerfen! Denn das giftige Pilzgewebe zieht sich unsichtbar durch den Laib.
Deshalb älteres Brot lieber rechtzeitig verwerten:
- Brotwürfel zu Croûtons braten
- geröstete Scheiben zu Bruschetta (› 21) verarbeiten
- Brot kann zum Auflauf werden wie im Kirschenmichel (› 87)
- trockenes Brot mit der Küchenmaschine zu Semmelbröseln/Paniermehl reiben
- eingeweichtes Weißbrot kommt in den Frikadellenteig (› 44)

Nichts als heiße Luft?
Lege 2 gleich große Scheiben Brot auf die Waage, du siehst schnell den Unterschied: Weißbrot ist viel leichter als Vollkornbrot, weil mehr Luft drin ist. Salziges, nasses Brot dagegen enthält viel Wasser und wird schnell hart. Was macht wohl länger satt? Die Qualität kannst du schmecken: Iss 1–2 Tage altes Brot. Aufgemotztes Kunstbrot schmeckt dann pappig.

Knäckebrot

Knäckebrot war der Reiseproviant der Wikinger. Es enthält 90 % weniger Wasser als Normalbrot und ist monatelang haltbar. Leckeres Trockenfutter für Menschen, sozusagen – und fast immer aus Vollkornmehl.

Laugenbrezel

Die Teigbrezeln werden vor dem Backen in ein kochendes Laugenbad aus Natron getaucht. Beim Backen wird die Hülle zu Salz und sorgt für eine weiche Kruste.

Mischbrot/ Bauernbrot

Hier sind Weizen und Roggen gemischt. An der Farbe erkennt man, welcher Anteil überwiegt. Dieses Brot ist »freigeschoben«, das heißt, der Laib lag für sich auf dem Blech und hat rundum eine Kruste.

Pumpernickel

Das schwärzeste Brot ist aus mehr oder weniger vollkörnigem Roggen und schmeckt leicht süß. Durch das lange Backen (21 Stunden) bei niedriger Temperatur wird die Stärke im Mehl nämlich teilweise zu Zucker.

Roggenbrot

Roggenbrot ist immer dunkel und aus Sauerteig. Es schmeckt besonders saftig und kräftig und bleibt durch seine Säure lange frisch.

Sonnenblumenbrot

Viele Spezialbrote sind Mischbrote mit Samen, Nüssen oder Gewürzen wie Kürbiskernen, Sesamsamen, Walnüssen, Sojabohnen, Zwiebeln, Oliven, Rosmarin, Kümmel oder Koriander.

Vollkornbrot

Nicht alles, was dunkel und körnig ist, muss Vollkorn sein. Das hier ist ein echtes Hafer-Vollkornbrot, also zu mindestens 90 % Vollkorn.

Weißbrot

Weißbrot besteht aus weißem Weizenmehl. Es ist locker und weich, wird aber schon nach 1 Tag trocken. Im Süden Europas ist Weißbrot sehr beliebt: französisches Baguette, italienisches Ciabatta oder türkisches Pitabrot.

Schmier dir dein Lieblingsbrot

Brot ist toll, weil du es nach deinen Vorlieben belegen kannst und es dann essfertig ist. Vom Superluxus-Sandwich bis zum einfachen Pausenbrot ist alles möglich. Tipps für mehr Geschmack und Abwechslung:

- Unterschiedliche Brotsorten mischen: oben hell, unten dunkel.
- Statt Butter oder Margarine Quark, Schmand, Frischkäse, Tomatenmark, Pesto, Senf oder Mayonnaise aufs Brot streichen.
- Salatblatt dazwischen stecken – am besten Eisbergsalat (› 124). Der hält frisch.
- Knabbergemüse oder → Obst dazu- oder drauflegen.
- Noch ein Tipp: Fett dünn streichen und unter Aufstrich (wie Streichwurst oder Frischkäse) ganz weglassen.

‹1

Brot schneiden ist mit einem grob gezackten Brotmesser nicht so schwierig und die Scheiben werden nicht zu dünn. Eine Brotschneidemaschine ist dagegen ganz schön gefährlich.

2›

Anregungen für Aufstriche und Belag findest du oben.

3›

In einer Brotzeitbox kannst du das Brot am besten transportieren.

Bruschetta (ital., sprich: »Brusketta«) macht man in Italien aus altbackenem Brot.

Bruschetta

Zutaten für 4 Stück:

1–2 Knoblauchzehen
3 reife Tomaten
2 EL Olivenöl
4 fingerdicke Scheiben altbackenes Mischbrot
Salz, schwarzer Pfeffer

> Den Knoblauch schälen und durch die Knoblauchpresse auf einen kleinen Teller drücken (› 67).

> Die Haut der Tomaten an einer Seite kreuzförmig einschneiden. Tomaten für 2–3 Min. in kochendes Wasser legen, kalt abschrecken, abziehen und mit einem Messer grob hacken (› 141).

> Das Öl in einer beschichteten Pfanne erhitzen und die Brotscheiben von beiden Seiten darin braten **(Bild 1)**. Mit einer Zange oder dem Bratenwender herausheben. Knoblauch und Tomatenstückchen darauf verteilen, salzen und pfeffern – am besten frisch aus der Mühle **(Bild 2)**.

1 ›

In einer schweren Pfanne Öl erhitzen und die Brote darin bei mittlerer Hitze knusprig braten.

2 ›

Tomatenstücke auf den Broten verteilen und würzen.

Pizza-Toast

Zutaten für 6 Stück:

2 EL Tomatenmark
2 EL Olivenöl
6 Scheiben Toastbrot
6 dünne Scheiben Salami
2 Tomaten
1 Kugel Mozzarella
Backpapier für das Blech

> Den Backofen auf 200° (Umluft 180°) vorheizen. Ein Backblech mit Backpapier auslegen. Tomatenmark mit 1 EL Olivenöl mischen und auf die Toasts streichen. Die Toasts auf das Blech legen. Auf jedes 1 Salamischeibe legen.

> Die Tomaten waschen, putzen und in schmale Spalten schneiden. Den Mozzarella abtropfen lassen und in Scheiben schneiden.

> Tomaten auf den Toasts verteilen, mit Mozzarella bedecken. Im Backofen (Mitte) etwa 3 Min. backen, bis der Käse geschmolzen ist. Vorsicht, dass das Tomatenmark nicht verbrennt!

SO SCHMECKT'S AUCH:
Tomate weglassen, statt Salami Schinken und statt Mozzarella Gouda oder Emmentaler nehmen, dann hast du einen Käsetoast. 2 solche Scheiben zusammengeklappt heißen in Frankreich Croque Monsieur (frz., sprich: »Krock Müssjö«).

Das Rezept lohnt sich eigentlich erst ab 6 Toasts – so viel passt locker auf ein Blech.

E wie Ei

Das Symbol Ei

Eier zu bemalen, zu sammeln und zu verschenken ist ein alter Brauch – bei uns seit dem 17. Jahrhundert. Sie galten als Fruchtbarkeitssymbol. Die Christen sehen im Ei ein Symbol der Wiedergeburt. Die kostbarsten Goldeier des Juweliers Fabergé schenkte der russische Zar Alexander III. um 1900 seiner Familie jedes Jahr zu Ostern.

Luxus- und Deko-Eier

Eier legen natürlich nicht nur Hühner. Klein wie Walnüsse sind Wachteleier, die übrigens auch gut schmecken. Straußen-, Gänse- oder Enteneier werden meist als Dekoration verkauft – vor allem zu Ostern.

Was die Farbe verrät

Je nach Rasse des Huhns sind seine Eier braun, weiß oder leicht grünlich. Für den Geschmack des Eis spielt das keine Rolle. Der ist vom Futter abhängig. So wird der Dotter schön orange, wenn das Huhn viele Karotinoide (› 102) gefuttert hat. Oder das Ei schmeckt nach Fisch, wenn das Huhn Fischmehl pickte.

Alles frisch?

Die Frische von Eiern kannst du testen: Lege das Ei in ein Glas mit Wasser, in dem 1 TL Salz gelöst ist. Ein altes Ei schwimmt nach oben, ein frisches Ei sinkt auf den Boden. Die Erklärung: Durch die Schale dringt ständig Luft ein – das Ei trocknet langsam aus, die Luftkammer an seiner stumpfen Spitze wird größer und lässt das Ei schwimmen.

In aller Munde

Das Gelbe vom Ei – wie aus dem Ei gepellt – ähnlich wie ein Ei dem anderen – ein Eiertanz – will das Ei klüger sein als die Henne – das Ei des Kolumbus ... Du siehst an der Vielzahl der Sprichwörter, wie wichtig uns nicht nur unser Frühstücksei ist. Etwa 19 Milliarden Hühnereier essen die Deutschen in einem Jahr!

Eier aus der Pfanne

Am besten geraten Eier in einer beschichteten Pfanne. Sie brauchen keine große Hitze, sondern sollen sanft brutzeln. Am besten schmeckt das mit Butter. Du kannst aber auch Öl nehmen. In einer normalen Pfanne haben 4–6 Eier Platz. Für 2 Eier eine kleine Pfanne nehmen.

Rührei

Pro Ei 1–2 EL Milch und etwas Salz in einem Schüttelbecher mit den Eiern mixen. Größere Mengen in einer Rührschüssel verquirlen. Wer mag, gibt noch etwas geriebene Muskatnuss, Pfeffer und Schnittlauchröllchen dazu. Dann in der Pfanne 1 TL Fett erhitzen und das Rührei hineingießen.

Das Ei kurz stocken lassen, dann mit einem weichen Schieber das gestockte Ei immer wieder vom Boden wegschieben. Vom Herd nehmen, wenn das Rührei noch ein bisschen feucht ist: Es gart noch nach und wird sonst zu trocken. Schmeckt auch toll mit Schnittlauchröllchen.

Spiegelei

1 TL Fett in der Pfanne erhitzen, die Eier an der Pfannenkante aufschlagen und in die Pfanne gleiten lassen. Je nach Vorliebe den Dotter zerstechen oder ganz lassen. Leicht salzen und so lange braten, bis das Eiweiß ganz weiß und nicht mehr durchsichtig ist. Wichtig: Je höher der Dotter gewölbt ist und je langsamer das Eiweiß zerläuft, desto frischer ist das Ei.

Eier kochen

> Das Ei soll beim Kochen nicht platzen. Deshalb wird es mit einem Eier-Piekser an einem Ende eingestochen. Es hilft auch, wenn es nicht direkt aus dem Kühlschrank kommt.

> Wasser aufsetzen, bis es kocht. Eier mit einem Esslöffel einzeln hineingeben und die Eier ohne Deckel kochen lassen. Die Eieruhr stellen: Nach 5 Min. ist es weich, nach 7 Min. kernweich und nach 9 Min. hart.

> Die Eier herausnehmen und sofort mit kaltem Wasser abschrecken, dann lassen sie sich besser pellen.

Ei-Lexikon

S, M, L, XL
Das sind nicht etwa Kleidergrößen, sondern Eiergewichtsklassen. Sie bedeuten: S ‹ 53 g, M 53 g-63 g, L 63 g-73 g, XL › 73 g. Rezepte sind meist für M- oder L-Eier berechnet.

Frische
Ein frisch gelegtes Ei schmeckt erst nach 3 Tagen. Bis zum 9. Tag gilt es als extra frisch. Wird es immer kühl aufbewahrt, schmeckt es noch bis zum 21. Tag gut, am 28. Tag endet die Mindesthaltbarkeit (› Klappe D). 1000-jährige Eier sind eigentlich höchstens 6 Monate alt – trotzdem ganz schön viel für ein Ei. Die Chinesen packen sie in einen Mix aus Asche, Gewürzen, Tee, Kalk, Salz und Soda. Danach sehen die Eier ziemlich alt aus ...

Käfig, Boden oder Freiland?
Ab 2003 soll es Hennen in Legebatterien besser gehen: Sie bekommen mehr Platz im Käfig, ein Nest und eine Sitzstange. Auch heute gibt es glücklichere Hühner: Freiland- oder intensive Auslaufhaltung lässt ihnen Raum zum Laufen und Picken an der Luft. Bei der Boden- und Volierenhaltung müssen sie im Stall bleiben, haben aber mehr Platz als im Käfig. Die Haltungsform muss auf der Packung stehen – jeder kann also über den Einkauf mitbestimmen, wie Hühner leben.

Salmonellen
sind Krankheitskeime, die oft in Eiern und → Geflügelfleisch vorkommen. Sie entwickeln sich explosionsartig bei Wärme und können dann zu schweren, höchst ansteckenden Darmerkrankungen führen. Salmonellen werden durch Kochen abgetötet. Ist ein Ei aber innen noch weich, kann es Keime enthalten. Deshalb Eier frisch verwenden und im Kühlschrank aufbewahren. Dann können sich die Salmonellen gar nicht erst ausbreiten.

Zutaten für 4 Stück:

2 Eier

120 g Mehl

200 ml Milch

Salz

Butter oder Butterschmalz

Obst (wie hier Kirschkompott) kannst du auch gut in Pfannkuchen »einbauen«. Und Schokoraspel drüber: lecker …

1 ›

Wenn der Pfannkuchen auf der Unterseite hellbraun oder die Oberfläche leicht fest ist, kannst du ihn mit einem Pfannenwender umdrehen.

‹ 2

Einen süßen Pfannkuchen kannst du mit Konfitüre bestreichen oder mit Apfelmus oder Zucker oder …

3 ›

Eine Gabel in den Rand stechen, die Gabel drehen, bis der Pfannkuchen aufgerollt ist und die Gabel herausziehen.

Pfannkuchen

> Die Eier verquirlen. Nach und nach abwechselnd Mehl und Milch mit dem Schneebesen oder Handrührgerät unterarbeiten, dabei darauf achten, dass keine Klümpchen entstehen. Mit 1 Prise Salz würzen.

> 1 TL Fett in eine beschichtete Pfanne geben und heiß werden lassen. 1 Schöpfkelle Teig hineingeben und die Pfanne so schwenken, dass sich der Teig gut verteilt. Den Pfannkuchen bei mittlerer Hitze goldgelb backen. Dann mit einem beschichteten Pfannenwender wenden **(Bild 1)** und bei schwacher Hitze fertig backen.

> Zum Füllen den Pfannkuchen mit Konfitüre bestreichen oder nur mit Zucker bestreuen. Den Pfannkuchen aufrollen **(Bild 2 und 3)**.

SO SCHMECKT'S AUCH:

Pikante Pfannkuchen

Für Käsepfannkuchen nach dem Wenden geriebenen Käse auf den Pfannkuchen streuen und bei schwacher Hitze mit Deckel fertig backen, bis der Käse zerläuft. Oder Camembertscheiben auf die fertige Seite legen, eine Pfannkuchenhälfte drüberklappen und zugedeckt fertig backen. Oder ganz einfach Frischkäse auf den fertigen Pfannkuchen streichen und zusammenrollen.

Wer zusätzlich Schinken mitbraten will: Schinkenstückchen zuerst in der Pfanne anbraten, dann den Teig darüber schöpfen.

Kaiserschmarrn ist ein Pfannkuchen für Faule: Mit einmal Backen bekommt man schnell 4 Kinder satt.

Kaiserschmarrn

> Rosinen im Apfelsaft einweichen. Die Eier trennen **(Bild 1)**. Die Eiweiße mit dem Salz zu Eischnee schlagen **(Bild 2 und 3)**.

> Die Eigelbe mit einem Schneebesen verrühren und nach und nach abwechselnd Mehl und Milch unterrühren. Rosinen dazugeben und den Eischnee vorsichtig unterziehen, so dass er nicht zusammenfällt.

> Etwas Fett in eine große beschichtete Pfanne geben und heiß werden lassen. Den Teig hineingießen **(Bild 4)** und den Deckel auflegen. Bei mittlerer Hitze goldbraun backen. Mit einem beschichteten Pfannenwender wenden, gut anbacken lassen. Dann mit zwei Gabeln vorsichtig – nicht die Pfanne zerkratzen – in Stücke reißen und goldbraun braten. Nach Lust und Laune mit Zucker und Zimt bestreuen.

Ein Ei trennen

Je frischer das Ei ist, desto fester ist die Haut, die den Dotter umhüllt und desto leichter lässt sich das Eigelb vom Eiweiß trennen. Ganz einfach geht es mit dem Eiertrenner: Das Ei anklicken und ganz in den Trenner gleiten lassen: Das Eigelb bleibt in der Auffangschale, das Eiweiß rutscht durch.

Eiweiß schlagen

Eischnee macht Teige luftig. Wichtig: Es darf kein Tropfen Fett oder Eigelb im Eiweiß, an der Schüssel oder den Rührbesen sein. Sonst fällt der Schnee zusammen. Deshalb Schüssel und Rührgerät säubern und am besten zuvor kühl stellen.

Zutaten für 4 Kinder:

60 g Rosinen

2 EL Apfelsaft

3 Eier, 1 Prise Salz

300 g Mehl, 1/2 l Milch

Butter oder Butterschmalz zum Ausbacken

Zucker und Zimt zum Bestreuen

1 ›

Lass das Eigelb von einer Schalenhälfte in die andere gleiten und das Eiweiß dabei ablaufen.

2 ›

Eischnee gelingt nur mit absolut sauberem Arbeitsgerät. Das Eiweiß schlagen, bis es so fest ist ...

‹ 3

... dass ein Schnitt mit dem Messer sichtbar bleibt. 1 Spritzer Zitronensaft oder 1 TL kaltes Wasser dazugeben, das festigt den Schnee.

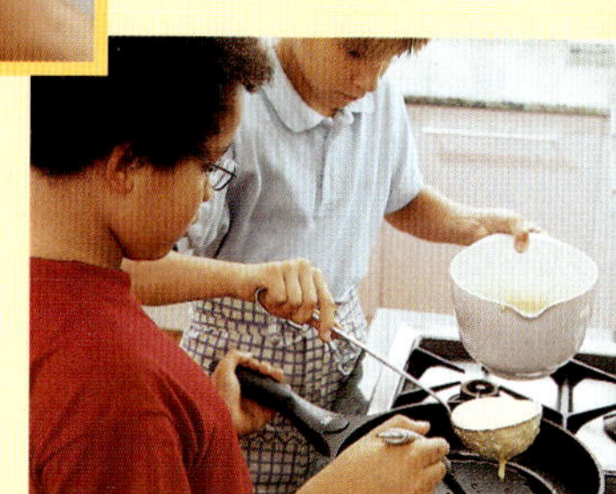

4 ›

Fett heiß werden lassen und Teig hineingeben.

E wie Eis

Hmmmm – wenn Eis auf der Zunge zergeht, fühlen wir uns erfrischt. Wissenschaftler haben herausgefunden, dass dieser Kältereiz im Mund zu einer kühleren Haut, weniger Schwitzen, aber mehr Speichel und Magensaft führt. Und dass das Eis, bis es in unseren Magen kommt, längst getaut und auf 30° angewärmt ist.

Ein luxuriöses Vergnügen

Im Altertum mussten sich die Griechen und Perser Eis aus den Bergen holen. Läufer-Stafetten brachten dazu Frisch-Schnee, der zum Essen mit Sirups oder Honig beträufelt wurde. Haltbar war dieses Eis natürlich nicht! Heute wird es als Granité, Granita oder Sherbett in den Mittelmeerländern immer noch geliebt. Wer eine Eismühle hat, kann das selber machen: Eiswürfel mahlen und mit Sirup übergießen – fertig.

Eismaschinen

In Deutschland hatte jedes Schloss noch vor 100 Jahren einen Eiskeller: Im Winter schnitt man riesige Eisblöcke aus zugefrorenen Teichen und lagerte sie dort. Sie hielten bis in den Sommer. Wenn die Köchin Speiseeis machen wollte, tat sie Salz und gehacktes Eis in einen Eiskübel. In der Mitte befand sich die Eisbüchse mit Kurbel, in die die Grundmasse gefüllt und ungefähr eine halbe Stunde gerührt wurde. Heute gibt es dafür elektrische Rührmaschinen. Aber Tiefkühlgeräte und Kühlschränke konnten erst entwickelt werden, nachdem Carl von Linde 1876 die erste Kältemaschine erfunden hatte.

Eis-Lexikon

Was ist in Eis alles drin?

Es gibt verschiedene Eissorten, die vom Gesetz genau definiert werden:
Rahmeis und **Eiscreme** sind sahnig und ziemlich fett.
Einfach- und Fruchteiscreme haben weniger Fett als Vollmilch.
Milchspeiseeis muss mindestens 70 % Milch haben – ist also ziemlich gesund. Fruchtsorbet sollte mindestens zu einem Viertel aus Früchten bestehen, Fruchteis nur zu einem Fünftel.
Kunstspeiseeis besteht aus Wasser, Farbe, Aromen und –› Zucker – sonst nichts!
Softeis ist eine etwas wärmere Eiscreme mit viel Luft drin – die macht es weich.

Augen auf beim Eiskauf

Kaufe offenes Eis nur an absolut sauberen Ständen. Denn in Eis vermehren sich Keime wie die Salmonellen (› 23) gerade im Sommer blitzschnell.

Was Eis cremig macht

Wenn Saft oder Joghurt gefrieren, werden sie hart und bilden Eiskristalle. Die weiche Konsistenz erreicht man durch Zugabe von Zucker, Fett, Ei oder Schokolade und durch Rühren. So ein Eis kannst du auch ohne Eismaschine einfach in einer Form einfrieren.

Ein heiß-kaltes Vergnügen – zum Dahinschmelzen lecker. Ganz klassisch bereitest du das Dessert mit Himbeeren zu.

Eis mit heiß

> Die weiße Schokolade in Bröckchen brechen und im heißen Wasserbad (› 135) schmelzen, dann abkühlen lassen.

> Die Crème double mit den beiden Zuckerarten so lange schlagen, bis der Zucker sich gelöst hat. Die Sahne steif schlagen.

> Die Zuckercreme löffelweise zur Schokolade geben. Dann die Sahne unterziehen und die Masse in eine stabile Form geben. Dicht verschließen und für mindestens 6 Std. in den Gefrierschrank stellen. Vor dem Essen am besten 15 Min. im Kühlschrank weicher werden lassen.

> Für die heißen Himbeeren die Beeren mit dem Zucker auftauen lassen. Dann einmal im Topf erhitzen – fertig.

SO SCHMECKT'S AUCH:
Du kannst statt Crème double auch 200 g pürierte Erdbeeren, Bananen oder Himbeeren zur Eiscreme geben. Sie bekommt dann einen Fruchtgeschmack.

Zutaten für 1 Schale (1 l Inhalt):

Für das Eis:
100 g weiße Schokolade
100 g Crème double
50 g Zucker
2 Päckchen Vanillezucker
200 g Sahne
Für das »heiß«:
20 g tiefgekühlte Beerenmischung
100 g Sauerkirschen (Glas)
2–3 EL Zucker

Eis am Stiel

Mit Plastik-Eisförmchen kann sich jeder sein Lieblingseis schnell selber machen: Fülle frisch gepresste oder fertige Fruchtsäfte, Fruchtjoghurts, Puddings oder Cremes hinein **(Bild)**. Regenbogeneis entsteht, wenn du erst eine Schicht Saft gefrieren lässt und dann einen andersfarbigen Saft darüber füllst und einfrierst. Vor dem Einfrieren Deckel schließen – die Stiele sind darin befestigt. Nach 2 Std. ist das Eis fest gefroren.

Hier siehst du die Plasikförmchen fürs Eis am Stiel.

E wie Erbsen

Frische Erbsen sind so selten wie echte Perlen. Früher waren sie ein Luxusgemüse: Der französische Sonnenkönig Ludwig XIV. ließ sie in seinem Park anpflanzen und in England durfte nur der Adel Erbsen genießen. Das Märchen von der Prinzessin auf der Erbse hat das Gemüse dann so richtig berühmt gemacht.

Wer Erbsen nicht im Garten hat, findet sie höchstens um den Juli herum auf dem Wochenmarkt. Sie müssen ganz frisch sein, denn der in ihnen enthaltene Zucker verwandelt sich schnell in Stärke und die Erbsen schmecken dann mehlig. Erbsen gehören zu den → Hülsenfrüchten und sind fast immer tiefgefroren, in Konserven und getrocknet zu kaufen. Roh soll man Erbsen nicht essen, auch wenn sie noch so süß sind.

Frische Markerbsen

Um an die grünen Perlen zu kommen, muss man die Schote aufdrücken und die Erbsen palen (so nennt man das Herauspulen). Die Schote hält die Erbsen sauber – sie müssen nicht mehr gewaschen werden. Sie ist nicht essbar.

Zuckererbsen

Zuckererbsen heißen auf Französisch Mangetout (sprich: »mongschtu« – iss alles). Ihre Schoten sind essbar und die Erbsen winzig klein.

Getrocknete Erbsen

Erbsen lassen sich trocknen und waren ein preiswerter Wintervorrat. Vor dem Kochen müssen sie 12 Std. einweichen. Man kann Sprossen aus ihnen ziehen und Erbsensuppe kochen.

Tiefgekühlte Erbsen

Einfrieren ist die beste Methode, Vitamine und Aroma der Erbsen zu erhalten. Tiefgekühlte Erbsen gibt es in verschiedenen Größen. Sie haben etwa 5 Min. Garzeit.

Dosenerbsen

Erbsen aus der Konserve sind nicht so grün, dafür aber zarter als tiefgekühlte. Sie haben halb so viele Vitamine, aber sind ganz okay.

Erbswurst

Sie wurde 1876 für die Verpflegung von Soldaten erfunden. Getrocknete Erbsen werden gemahlen, mit Räucherspeck, Fleischextrakt, Salz und Gewürzen aufgepeppt und in Rollenform verpackt. Sie muss nur noch in Wasser gekocht werden.

Zuckererbsen sind ein Luxusgemüse, aber sie schmecken sooo gut!

Sahnige Zuckererbsen

Zutaten für 4 Kinder (als Beilage):

400 g Zuckerschoten

1–2 Frühlingszwiebeln

1 TL Butter oder Öl

1/2 TL Salz, etwas Pfeffer

2 EL Schmand

oder Crème fraîche

> Zuckerschoten **(Bild)** und Zwiebeln waschen. Von den Zuckerschoten die Enden mit den Fingern abknipsen und dabei seitlich die Fäden abziehen, wenn die Schote welche hat (meistens nicht). Von den Zwiebeln die Wurzeln abschneiden und die oberen Blätter. Dann die Zwiebeln in feine Ringe schneiden.

> Das Fett in einem kleinen Topf zerlassen und die Zwiebeln darin andünsten, bis sie gelblich werden. Dann die tropfnassen Zuckerschoten hinzufügen, salzen und pfeffern. Den Deckel auflegen, die Hitze klein stellen und die Schoten etwa 5 Min. dünsten.

> Sind die Schoten gar, Schmand oder Crème fraîche dazugeben und abschmecken. Nicht viel rühren, sonst werden die zarten Schoten matschig. Schmeckt zu neuen Pellkartoffeln (› 78). Wer sie lieber pur mag, lässt den Schmand weg.

1 ›

Zuckerschoten haben bei uns im Frühsommer Saison.

Risi Bisi

Zutaten für 4 Kinder:

1 EL Butter

250 g parboiled Langkorn-Reis

1/2 l Gemüsebrühe (› 42)

200 g tiefgekühlte Erbsen

> Die Butter in einem Topf zerlassen und den Reis darin bei schwacher Hitze andünsten (› Klappe C). Mit der Brühe angießen, aufkochen lassen und dann die unaufgetauten Erbsen dazugeben. Wieder zum Kochen bringen und den Deckel auflegen. Die Hitze ganz klein stellen und den Reis etwa 15 Min. ausquellen lassen.

> Für die Kugel ein Plastikschälchen mit Wasser ausschwenken, Risi Bisi bis zum Rand einfüllen und andrücken. Einen Teller auf die Schüssel legen, umdrehen und das Schälchen abheben. Einen Schmetterling aus Tomatenscheiben obendrauf legen.

Tipp
Dazu passen Würstchen. Oder Schnitzel. Oder Geschnetzeltes. Oder du rührst 2 EL geriebenen Käse unter das Risi Bisi.

Der Rezeptname kommt aus dem Italienischen: Riso ist der Reis und Piselli sind die Erbsen – also: Reis mit Erbsen.

F wie Fett

Das ist ein Lebensmittel wie Butter, Öl oder Schmalz und gleichzeitig einer der drei Ernährungsbausteine (› 5). Außerdem ist »fett« ein Eigenschaftswort. Alle haben etwas miteinander zu tun. Fett ist für Gesundheitsapostel ein Horror und für Feinschmecker ein Segen. Ohne Fett kann man nicht leben – aber zu viel Fett macht auf Dauer krank. Vor allem, weil sich das Fett an den Wänden von Blutgefäßen absetzt; das kann zu Herzinfarkt führen. Es ist also wichtig, insgesamt nicht zu viel Fett zu essen. Und möglichst wenig verstecktes Fett (› 31), sondern gutes Fett wie kalt gepresste Öle und Butter.

Lebensnotwendig

Ein paar Fettsäuren kann unser Körper nicht selber zusammenbauen: die mehrfach ungesättigten Fettsäuren. Und es gibt einige Vitamine, die in Fetten enthalten sind, die fettlöslichen Vitamine, die wir ebenso dringend brauchen: Vitamin E, A, K und D. Ganz ohne Fett könnten wir also nicht leben.

Warum schmeckt Fett?

Fett ist ein wichtiger Aromaträger. Deshalb schmecken die fetteren Lebensmittel einfach besser, schmelzen netter auf der Zunge. Ab und zu ist die fettere Version in Ordnung. Aber wer täglich zu fett isst, muss unheimlich viel turnen, arbeiten und wachsen, um nicht fett zu werden!

Was ist Fett?

Ein Fettmolekül besteht aus 4 Teilen: 1 Teil Glycerin, an dem 3 Fettsäuren hängen. Das Glycerin ist immer gleich. Die Fettsäuren können ganz verschieden sein: lang oder kurz, mit ganz eng verknüpften Bindungen oder mit sehr lockeren. Die nennt man dann gesättigt, ungesättigt und mehrfach ungesättigt.

Welches Fett wofür?

Zum sanften Braten von Eierspeisen oder Fisch ist Butter ideal. Sie ist heiß genug, wenn sie geschmolzen ist und kleine Luftbläschen bekommt. Es klappt aber auch mit Öl.

Zum kräftigen Braten raffiniertes, neutrales Öl oder Butterschmalz nehmen. Das hält die hohen Temperaturen aus und verbrennt nicht. Beim Anbraten muss Fett heiß sein.

Die Temperatur von Öl probiert man am besten aus: Gib einen Brotwürfel hinein. Wenn sich rundherum kleine Brutzelbläschen bilden, ist das Öl heiß genug.

Die richtigen Fette

> Als **Aufstrich** eignet sich streichfähiges Fett, also Butter oder Margarine. Schmalz ist eher eine Spezialität wie Schmierwurst.

> Für **Salat** sind kaltgepresste Öle am besten, weil sie pur gegessen werden und die wertvollen mehrfach ungesättigten Fettsäuren erhalten bleiben.

> Zum **Dünsten** kann man Butter oder Öle, auch kaltgepresste, nehmen. Denn bei etwa 100° sind diese Fette noch stabil.

> Zum sanften **Braten** ist Butter gut geeignet.

> Zum kräftigen **Anbraten** nimmst du Öl oder Butterschmalz.

> Zum **Ausbacken/Frittieren** eignen sich Butterschmalz und Kokos- oder Palmfett oder spezielle Bratöle.

> Zum **Backen** nimmst du am besten Butter und Margarine.

Vorsicht, heiß

Fett kann bis zu 200° heiß werden. Da tut schon ein Spritzer ganz schön weh! Deshalb nichts Nasses ins Fett geben – das spritzt. Außerdem Fett nie unbeobachtet auf dem Herd lassen. Wenn es zu heiß ist, kann es nämlich von selbst anfangen zu brennen. Dann den Herd vorsichtig ausstellen und einen Erwachsenen rufen. Auf keinen Fall mit Wasser löschen – sonst explodiert es!

Fett-Lexikon

Wie entsteht Butter?

Für Butter wird in der Molkerei Sahne so lange geschlagen (zentrifugiert), bis sich die Buttermilch abtrennt. Das ist dir vielleicht auch schon passiert – auch diese Butter kannst du essen.

Fett aufbewahren

Wenn Fett verdirbt (durch Wärme, Licht oder Luft), wird es ranzig; das kann man riechen und schmecken. Alle Fette sollten am besten im Kühlschrank aufbewahrt werden.
Auch Öl sollte kühl und dunkel stehen.

Flüssige und feste Fette

Wenn die Bindungen innerhalb des Fetts nicht sehr fest sind, ist es »lockerer«, nämlich flüssig, also Öl. Olivenöl wird bei Kälte flockig, während Sonnenblumen- und Sojaöl klar bleiben – weil sie mehr ungesättigte Fettsäuren enthalten. Kokosöl ist nur bei Tropenhitze von 30° flüssig, im Kühlschrank dagegen fest. Schmalz ist streichfähig, während die Butter dann ziemlich hart ist. Grundsätzlich stammen die festeren Fette wie Butter und Schmalz von Tieren, die flüssigen Fette, also Öle, eher von Pflanzen.

Verstecktes Fett

Öl, Butter, Schmalz sind sichtbare Fette – du kannst sie sehen und wiegen. Aber dass in 1 Bratwurst 50 g Fett versteckt sind, in 1 Tafel Schokolade 50 g oder in 100 g Chips 40 g, sieht man ihnen nicht an. Super-Verstecke für Fett sind auch Riegel, Nussnougatcreme, Kekse, Pralinen, Knabbergebäck, Torten, sahniger Käse, Wurst und Eiscreme.

Fett-ABC

Butter

Butter ist Milchfett. Sie enthält 82 % Fett, aber auch Wasser und Eiweiß. Wichtig sind die Vitamine A, D und E. Streichfähig wird Butter durch Mischen und Aufschlagen, das geschieht in der Molkerei.

Butterschmalz

Wenn Butter erhitzt wird, trennen sich Wasser, Milchzucker und -eiweiß ab. Übrig bleibt Butterschmalz. Es lässt sich hoch erhitzen und ist viel länger haltbar als Butter, sogar bei Hitze: In Indien kennt man es als Ghee (sprich: »Dschih«).

Kokosfett

Es wird aus Kokosmark gepresst. Es ist ideal zum Braten und wird für Eiskonfekt und Glasuren verwendet. In Reformhausmargarine wird es Ölen zugesetzt, um sie streichfähig zu machen.

Margarine

Margarine wurde vor 120 Jahren als billige Alternative zur »guten« Butter erfunden und ist aus Öl, das streichfähig gemacht wird. Sie enthält eben so viel Fett wie Butter. Diätmargarine hat mindestens 50 % mehrfach ungesättigte Fettsäuren.

Mayonnaise

Mayonnaise entsteht, wenn man Eigelb schlägt und dabei langsam Öl zugießt. Dabei kann auf 1 Eigelb bis zu 1 l Öl kommen. Mayonnaise hat 80 % Fett, Salatmayo 50 %, Diätmayonnaise 10–20 % Fett.

Öl

Es besteht immer aus Pflanzenfett und ist bei Zimmertemperatur flüssig. Raffiniertes Öl schmeckt neutral und eignet sich auch zum Kochen, kaltgepresstes Öl ist prima für die kalte Küche, vor allem Salate.

Schmalz

Wenn man Speck vom Schwein oder Gänsefett zerlässt und durchsiebt, hat man Schmalz, das im Kühlschrank cremig wird. Wenn man es nicht siebt, bleiben krosse Stückchen, die Grieben, drin.

Speck

Speck ist Schweinefett vom Rücken oder Bauch. Es gibt ihn »grün« (frisch), gepökelt, geräuchert und fett oder durchwachsen. Ohne Speck gäbe es keine Wurst.

Öl-Lexikon

Kaltgepresst

Bei der Kaltpressung darf die Presse nicht heißer werden als 40°. Dadurch wird weniger Öl schonender gewonnen; das ist deshalb teurer. Kaltgepresstes Öl hat mehr Eigenaroma, kann Trübstoffe enthalten, ist nicht so lange haltbar, aber reich an natürlichen Vitaminen und Bioaktivstoffen. Ideal für die kalte Küche, nicht geeignet zum Braten.

Raffiniert

Bei der normalen Pressung werden die Samen durch eine erhitzte Presse getrieben. Die ausgepressten Körner werden mithilfe von Lösungsmitteln weiter ausgelaugt und dann gereinigt. Danach hat man ein supersauberes Öl, das keine Verunreinigungen, aber auch keine Bioaktiv- und Aromastoffe hat, neutral schmeckt und sich lange lagern lässt. Weil so sehr viel Öl aus den Körnern gewonnen wird, ist es preiswert. Dieses solltest du zum Braten nehmen.

Olivenöl-Spezialitäten

Kaltgepresstes Olivenöl heißt nach EU-Gesetz nativ. Olivenöl extra vergine oder nativ extra kommt aus der 1. Pressung. Dann gibt es noch Tropföl, das aus den zerkleinerten Oliven vor der Pressung von selber abläuft. Es ist sehr wertvoll.

Hieraus wird Öl gepresst

Aus folgenden Samen , Nüssen oder Keimen wird Öl gewonnen:
Buchecker – Distel – Erdnuss – Haselnuss – Kürbiskern – Lein(samen) – Maiskeim – Mandel – Mohn – Olive – Raps – Sesam(samen) – Soja(bohne) – Sonnenblumen(kern) – Traubenkern – Walnuss – Weizenkeim ... › Öl

Schmeckt toll zu Steaks von Seite 45 oder auch zu Pellkartoffeln von Seite 78.

Kräuterbutter

Zutaten für etwa 125 g:

1 Knoblauchzehe
1/2 Bund Schnittlauch
1/2 Bund Petersilie
1/2 Bund Basilikum
100 g weiche Butter
1/2 TL Salz, Pfeffer

> Die Knoblauchzehe schälen (› 67). Die Kräuter waschen und trockenschütteln. Den Schnittlauch in Röllchen schneiden. Die Petersilien- und Basilikumblätter abzupfen. Portionsweise die Kräuter mit dem Knoblauch und der Butter mit dem Blitzhacker oder dem Pürierstab pürieren **(Bild 1 und 2)**.

> Die Kräuterbutter salzen, pfeffern und zu einer Kugel formen. Die Butterkugel in einer Schale oder in Alufolie gewickelt im Kühlschrank fest werden lassen.

> Die feste Kräuterbutter zwischen Frischhaltefolie ausrollen. Obere Frischhaltefolie entfernen und mit Ausstechern kleine Motive ausstechen. Die Ausstecher zwischendurch in Eiswasser tauchen, dann geht's einfacher. Fertige Kräuterbuttermotive im Kühlschrank aufbewahren.

1 ›

Immer Kräuter, Knoblauch und Butter in kleinen Portionen zusammen pürieren.

2 ›

Achtung: Knoblauch und Schnittlauch, die du ohne Fett pürierst, werden bitter!

Knoblauchöl

Knoblauchöl

Zutaten für 1 Flasche (3/4 l):

6–10 Knoblauchzehen
700–750 ml kalt gepresstes Olivenöl

> Ein hübsche Flasche heiß ausspülen und trocknen lassen. Die Knoblauchzehen schälen und in die Flasche geben **(Bild 1)**. Zu große Zehen mit einem Messer halbieren.

> Einen Trichter in die Flasche stellen und langsam das Öl einfließen lassen. Die Flasche verschließen und das Öl 2–3 Wochen an einem kühlen, dunklen Ort durchziehen lassen. Es schmeckt dann fein knofelig.

SO SCHMECKT'S AUCH:
Öl lässt sich auch mit vielen Kräutern und Gewürzen aromatisieren: z.B. Rosmarin, Thymian, Lavendel, Chilischoten, Pfefferkörnern oder mit Mischungen daraus.

Mit einem Trichter kannst du Flaschen füllen, ohne zu kleckern

‹ 1

Ganze Knoblauchzehen in die Flasche geben. Geviertelte Zehen geben mehr Geschmack ab.

F wie Fisch

... oder vielleicht W wie Wassertiere? Denn hier geht es um alles, was in Meer und Teichen lebt und gegessen werden kann: Muscheln, Garnelen, Calamares. Hauptsächlich aber um Fisch und was daraus gemacht wird.

Fisch als Fastenspeise

Von Fasching bis Ostern dauert die christliche Fastenzeit, 6 Wochen. Traditionell gibt's am ersten Tag der Fastenzeit, am Aschermittwoch, ein feierliches Fischessen. Jeden Freitag fasten die Christen in Erinnerung an den Karfreitag, den Todestag Jesu. Das heißt: Es wird kein Fleisch gegessen. Gläubige und Geistliche ersetzen es gerne durch Fisch. Deshalb herrscht freitags Hochbetrieb in Fischgeschäften.

Warum stinkt alter Fisch?

Die Fettsäuren (› 30) im Fisch sind hoch ungesättigt, das Eiweiß enthält wenig festigendes Bindegewebe und beide verändern sich schnell – vor allem bei Wärme. Es entstehen neue Verbindungen, die sich an der Luft zunehmend auflösen. Das kann man schon nach 5 Tagen messen – riechen meist erst einige Tage später. Deshalb ist es wichtig, frischen Fisch ständig zu kühlen und am besten sofort zuzubereiten.

Fischers Fritz fängt frische Fische...

Diesen Zungenbrecher kennt jedes Kind. Aber woran erkennt man, ob Fritzchens Fisch wirklich frisch ist?
› Er hat klare, pralle Augen, sie sind nicht trüb oder eingefallen. › Die Kiemen sind innen rot und nicht etwa blass, braun oder grau. › Die Haut ist von glänzendem, klarem, nicht milchigem Schleim umgeben. › Das Fischgewebe ist elastisch, fest und prall. › Filets haben eine silbrig glänzende Oberfläche. › Er riecht nicht nach Fisch, sondern nach Meereswasser.

Drei S: Säubern – Säuern – Salzen

Jeder Fisch sollte erst gesäubert, also mit kaltem Wasser gründlich gewaschen werden. Wenn du Gräten rausstehen siehst, kannst du sie mit einer Pinzette entfernen.

Dann wird der Fisch gesäuert, also mit Zitronensaft beträufelt. Dafür presst du eine Zitronenhälfte frisch über dem Fisch aus; du kannst aber auch gekauften Zitronensaft nehmen.

Schließlich wird er gesalzen. Säuern und Salzen machen den Fisch fester. Nur wenn er sehr frisch ist (erst riechen!), dann kannst du dir das Säuern sparen.

Süßwasserfisch – Meeresfisch

Ein Sechstel aller Fische, die wir essen, kommt aus dem Süßwasser, vor allem aus Zuchtteichen. Die wichtigsten Sorten sind Forellen, Karpfen, Zander und Hecht.
Meeresfische wie Seelachs, Hering, Makrele, Kabeljau und Lachs haben einige Vorteile gegenüber Süßwasserfischen: Sie enthalten viel Jod und Fluor aus dem Meerwasser, außerdem viel Vitamin D. Und sie sind reich an mehrfach ungesättigten Fettsäuren (die Omega-3-Fettsäuren, weil ihr Blut auch in sehr kaltem Wasser flüssig sein muss.
Alle Fische haben viel leicht verdauliches Eiweiß (› 5) und insgesamt wenig Fett.

Aqua-Farmen mit Süßwasser

Ein Viertel der Meerestiere und Fische kommt aus Aqua-Farmen – Bauernhöfen der Wasserwirtschaft sozusagen. Die Chinesen kannten das schon vor 4000 Jahren. In Europa unterstützte Karl der Große um 800 n. Chr. die Teichwirtschaft, und die Klöster sorgten für einen richtigen Fischzucht-Boom.

... und mit Meerwasser

Reiche Römer hielten sich in der Antike Meerwasser-Aquarien für Austern und anderes Meeresgetier. An der Küste Frankreichs und Spaniens werden seit dem 18. Jahrhundert Muscheln, vor allem Austern, an Pfählen und Seilen gezogen. Heute kommt die Hälfte der Garnelen und Krabben aus Farmen in Südostasien. Weitaus schwieriger ist es, Fische im Meer zu halten. Norwegen hat riesige Schwimmgehege in seinen Fjorden aufgebaut, wo u. a. Lachs, aber auch Wolfsbarsch, Tunfisch und Kabeljau »gefarmt« werden. Das ist vom Umwelt- und Tierschutz her umstritten (→ Fleisch). Aber letzten Endes dienen Aqua-Farmen dem Schutz der wilden Fische – die wären nämlich bald alle abgefischt, wenn die Weltbevölkerung weiter so wächst. Inzwischen wurden auch Bio-Aquafarmen gegründet – achte beim Einkauf darauf.

Fisch-Lexikon

Fischkonserven
Der Wunsch, Fisch haltbar zu machen, hat zu delikaten Ideen geführt, z. B. Räuchern. Oder Marinieren, also Einlegen mit Salz, Essig, Öl und anderen Mischungen. Dabei wird der Fisch sozusagen kalt »gekocht«. So entstehen Rollmops, Bismarckhering, Graved Lachs, Matjes, Ölsardinen oder Kieler Sprotten. In Dosen verpackt und erhitzt werden Tunfisch, Aal in Gelee oder Hering in Sauce. In Skandinavien und im Süden wird Fisch zu Stockfisch getrocknet.

Gräten
Gräten sind die Fisch-Knochen: leicht und biegsam, ideal zum Schwimmen. In Filets sind die Gräten bereits entfernt. Große Fische wie Lachs und Kabeljau haben so dicke Gräten, dass man sie gut erkennen kann. Bei Scholle, Zander, Forelle und anderen kleineren Fischen muss man aber aufpassen und immer gut kauen!

Jod gegen Kropf
Die Schildrüse versucht durch verstärktes Wachstum, mehr Jod zu produzieren, wenn sie nicht genug bekommt. Dann wird der Hals dick – das ist der Kropf. Jodmangel herrscht z. B. im Landesinneren, wo wenig Fisch gegessen wird. Ein beliebter Schmuck, das »Kropfband«, sollte den Kropf verstecken. Jedes 10. Kind hat Jodmangel. Deshalb ist es sehr wichtig, Meeresfisch zu essen. Am meisten Jod haben Schellfisch, Seelachs und Scholle. Außerdem solltest du nur jodiertes Speisesalz (› 127) verwenden.

Lebertran
Lebertran wird aus Leber von Seefisch (Dorsch) gewonnen und enthält viel Vitamin D und Omega-3-Fettsäuren. Früher bekamen Kinder im Winter täglich einen Löffel davon. Heute nehmen Erwachsene Fischöl, das schützt gegen Herzinfarkt.

Fisch ABC

Es gibt Tausende verschiedene Arten von Fischen, Krusten- und Weichtieren. Sie werden an Land sehr unterschiedlich verarbeitet: geräuchert, eingesalzen, tiefgekühlt oder in Dosen verpackt. Diese Produkte findest du im Supermarkt oder im Fischgeschäft.

Fischstäbchen

Sie bestehen aus Fischfilet oder aus gepressten Stückchen – das steht auf der Packung. Etwa die Hälfte ihrer Masse ist Panierung. Du kannst sie ganz einfach in der Pfanne braten, dazu brauchst du kein Rezept.

Forelle

Sie ist ein Süßwasserfisch und lebt nur in ganz sauberen Bächen oder Zuchtteichen. Oder als Wanderer zwischen Süßwasser zum Ablaichen und Salzwasser zum Heranwachsen. Diese »Meeres-Forellen« sind Lachsen ähnlich.

Karpfen

Karpfen ist ein Süßwasserfisch. Als Weihnachts- oder Sylvesterbraten wird er in ganz Europa zubereitet. Er ist ganz schön fett.

Kaviar

Er ist der Rogen bestimmter Fische. Am kostbarsten ist der vom Stör aus dem Kaspischen Meer. Deutscher Kaviar ist schwarz gefärbter, preiswerter Ersatz vom Seehasen. Orange ist Keta Kaviar vom Lachs oder Forellen-Kaviar.

Scholle

Die Scholle gehört zu den Plattfischen und kommt auch in der Nordsee vor. Ganz ähnlich sieht die Ostsee-Flunder aus. Der feinste Plattfisch ist die Seezunge. Alle schmecken am besten im Ganzen gegrillt oder in der Pfanne gebraten.

Seelachsfilet

Filets sind oft tiefgekühlt, in kleinen Blöcken gefroren. Sie sind frei von Gräten und am ehesten für Aufläufe geeignet. Sehr fein sind einzelne Filets von Lachs oder Scholle.

Garnelen

Sie heißen auch Krabben, Scampi, Shrimps, Prawns. Es gibt sie in allen Größen bis zum Hummer. Krustentiere werden sie genannt, weil sie einen harten Panzer haben. Roh sind sie braungrau, durchs Kochen werden sie rosa.

Hering

Heringe werden auch in deutschen Meeren, der Nord- und Ostsee, gefangen. Eine Delikatesse sind junge Heringe, Matjes, die vor der Laichzeit gefangen und eingesalzen werden. Rollmops ist sauer eingelegtes Heringsfilet.

Kabeljau

Frischen Fisch kann man als Filet oder als ganzes Stück kaufen. Der ganze Fisch hat allerdings noch alle Gräten. Er eignet sich zum Kochen, weil er von der Haut geschützt und zusammengehalten wird.

Lachssteak

Der Lachs wandert zwischen Süß- und Salzwasser. Erst im Salzwasser und durch karotinreiches (› 102) Futter bekommt er seine orange Farbe. Er enthält wertvolle Fette und lässt sich gut grillen.

Miesmuscheln

Muscheln sollten bei uns in Monaten mit r gegessen werden, in den heißen Monaten verderben sie schnell. Sie müssen vor dem Kochen fest geschlossen sein und öffnen sich beim Kochen. Austern werden dagegen roh gegessen.

Räucher-lachs

Dafür werden ganze Lachshälften geräuchert. Vor allem fette Fische eignen sich dazu: Bückling, Makrele, Aal, Forelle, Dornhai, der als Schillerlocken verkauft wird. Das Räuchern macht Fische gleichzeitig gar.

Tintenfische

Beliebt sind vor allem die ausgebackenen Ringe des Calamar. Die meisten Tintenfische haben ein Säckchen mit »Tinte«, die sie zum Schutz verspritzen. In Italien gibt man diese Tinte ins Kochwasser. Giftig ist sie also nicht.

Tunfisch aus der Dose

Tunfisch kann in Öl oder nur in Wasser (naturell) konserviert werden. Dosen-Tunfisch solltest du aus delphinfreundlichem Fang kaufen, von bestimmten Vertragsproduzenten (› 157).

Zander

Zander ist ein Süßwasserfisch, der oft zusammen mit Karpfen in Teichen gezüchtet wird. Er hat mageres, festes Fleisch und eignet sich für unser Fischrezept besonders gut.

Zutaten für 4 Kinder:

4 festfleischige Fischfilets
(z.B. Victoriabarsch, Zander)
à etwa 150 g, 1 Zitrone
Salz, 2 gehäufte EL Mehl
1–2 TL Paprika- oder Currypulver
2 EL neutrales Öl oder Butterschmalz zum Braten

‹ 1

3-S-Regel: Fische und Fischfilets vor der Zubereitung immer erst säubern – säuern – salzen!

2 ›

Die Fischfilets in das gewürzte Mehl legen, damit bedecken, anschließend leicht abklopfen.

‹ 3

Die Filets erst von einer Seite in 3–4 Min. knusprig braun braten. Dann mit einem Pfannenwender vorsichtig wenden, damit die knusprige dünne Panade nicht kaputt geht. Wieder 3–4 Minuten braten.

Dieses feine Fischfilet hat eine ganz zarte Kruste, die superschnell und einfach zu machen ist.

Gebackener Würzfisch

> Den Fisch unter fließendem Wasser abspülen, auf eine Arbeitsfläche legen. Die Zitrone aufschneiden, die Fischfilets mit Zitronensaft beträufeln und salzen **(Bild 1)**.

> Auf einem flachen Teller das Mehl mit Paprika- oder Currypulver mischen. Die Filets darin wenden **(Bild 2)**.

> In einer Pfanne das Öl heiß werden lassen. Die Fische darin von beiden Seiten in insgesamt 6–8 Min. knusprig braten **(Bild 3)**. Mit Zitronenscheiben servieren. Dazu passen Kartoffelsalat oder Salzkartoffeln.

Fischbesteck
Es hat besonders geformte Gabeln und Messer. Diese haben keine scharfe Schneide, sondern sollen den Fisch sanft teilen und auf die Gabel schieben.

Rezept

F

Zutaten für 4 Kinder:

300 g frische Garnelen
mit Schale und ohne Kopf
1 Knoblauchzehe
3 EL neutrales Öl
2 Msp. Salz, Pfeffer

Je nach Größe heißen sie Garnelen, Shrimps, Krabben oder Crevetten. Wenn sie rosa sind, sind sie bereits gegart und müssen nur noch heiß gemacht werden.

Gebratene Garnelen

> Die Garnelen waschen und abtropfen lassen. Die Schale mit den Fingern vorsichtig entfernen. Die Garnelen mit einem scharfen Messer am Rücken entlang einschneiden und den schwarzen Darm vorsichtig herausziehen **(Bild 1 und 2)**. Die Knoblauchzehe schälen und fein hacken.

> Das Öl in einer Pfanne erhitzen. Die Garnelen und den Knoblauch zugeben **(Bild 3)**. Bei mittlerer Hitze die Krustentiere von beiden Seiten 3–4 Min. braten, bis sie eine rosa Farbe bekommen und das Fleisch weiß ist. Dabei mit Salz und Pfeffer würzen. Schmeckt warm und kalt. Garnelen schmecken toll mit frischem Baguette und Salat.

Dazu gibt es eine Cocktailsauce:
3 EL fertige Salat-Mayonnaise oder Crème double mit 2 EL Ketchup, 1TL Senf, je 1 Prise Salz und weißem Pfeffer und 1 Spritzer Zitronensaft gut verrühren. Als Dip zu den Garnelen servieren.

1 ›

Die geschälten Garnelen am Rücken mit einem scharfen dünnen Messer einschneiden.

‹ 2

Den Darm vorsichtig aus dem Fleisch entfernen. Rohes Garnelenfleisch ist weißlich durchsichtig.

3 ›

Erst die Garnelen anbraten, dann den Knoblauch dazugeben. Beim Braten werden die Garnelen rosa und rollen sich zu einer Schnecke auf.

F wie Fleisch

Ohne Fleisch kannst du dir unsere Ernährung sicher nicht vorstellen. Dabei war es lange Zeit das teuerste Lebensmittel, es gab höchstens mal den Sonntagsbraten. Jetzt können wir uns Fleisch leisten, aber in den letzten Jahren haben Lebensmittelskandale und der Tierschutzgedanke zu einer kritischen Haltung ihm gegenüber geführt. Brauchen wir Fleisch zum Leben?

Fleisch und seine Tabus

Schon der Neandertaler ging zur Jagd, »Ötzi« aus dem Eis ebenfalls. Später, nachdem die Menschen sesshaft geworden waren, hielten sie Tiere, um sie zu schlachten. Das war in vielen Kulturen mit Opferhandlungen verbunden. Das Osterlamm ist ja auch ein Opfer, das Gott von den Juden verlangt hat. Heute finden sich rituellen Vorschriften z.B. im Judentum und im Islam: Blut ist hier tabu. In unserer Kultur ist es tabu, Hunde und Katzen zu essen. Auch Pferdefleisch lehnen viele ab.
Bei den Hindus wiederum sind die Kühe heilige Tiere, denen kein Leid geschehen darf.

So ein Schwein?

Wildschweine leben im Wald. Früher wurden auch Schweineherden zur Weide geführt und zur Eichelmast durch Eichenwälder getrieben, wo sie die Eicheln fraßen. Heute kennen wir Schweinehirten nur noch aus dem Märchen. In anderen Ländern leben Schweine heute noch so und sind ganz saubere, hochbeinige Tiere.

Wie wertvoll ist das kleine Steak?

Fleisch enthält viel Eiweiß, Fett, Mineralstoffe wie Eisen, Selen und Zink und außerdem jede Menge B-Vitamine. Speziell die Mineralstoffe aus Fleisch kann unser Körper besonders gut verwerten. Sehr wichtig ist Fleisch für die Eisen-Versorgung und damit für die Bildung der roten Blutkörperchen. Aber: Wer sich sehr gesund ernährt, also viel Vollkorn, Gemüse, Hülsenfrüchte, Nüsse, Ei und Milchprodukte isst, kann auch ohne Fleisch gut gedeihen.

Fleisch gehört zur Landwirtschaft

Jedes Tier hat im Kreislauf eines Bauernhofes mehrere Aufgaben: Schweine sind Resteverwerter, Kühe, Ziegen und Schafe geben Milch, Schafe zusätzlich Wolle und alle Tiere Leder – und Fleisch. Geschlachtet werden männliche, junge Tiere, weil sie keine Milch geben und ältere, wenn sie diese Aufgabe nicht mehr erfüllen. Anders kann der Hof nicht überleben.

Ohne Kühe keine Bergwiesen

Nur wo im Gebirge Kühe oder Schafe weiden, bleiben Wiesen erhalten. Denn wer sollte dort mähen? Auf Weiden kann man im Winter Ski laufen oder rodeln und im Sommer spielen, wandern und Picknick machen. Liegt das Land brach, entsteht langsam Wald, der Holz liefert. Der Schwarzwald war noch nie so schwarz, also bewaldet, wie heute.

Öko-Fleisch – was bedeutet das?

Öko-Fleisch kommt von Tieren, die so natürlich wie möglich aufwachsen. Dafür gibt es strenge Bestimmungen, die mindestens einmal jährlich überprüft werden. Die Tiere müssen artgerecht gehalten werden. Sie bekommen Auslauf, manche Arten sehen nie einen Stall. Das Futter ist rein pflanzlich. Tiermehl (› rechts) als Kraftfutter ist verboten. Kälber werden mit Kuhmilch ernährt. Erkennbar ist Ökofleisch am Siegel (› 160). Du kannst dir sicher vorstellen, dass es viel mehr Arbeit macht, Tiere so zu halten. Deshalb gibt es weniger Öko-Fleisch. Wenn es nur Öko-Landwirte gäbe, würde jeder Deutsche zweimal in der Woche Fleisch bekommen – das wäre eigentlich auch genug. Niedrige Preise sind nur durch Intensivhaltung möglich. Da müssen die Tiere ihr Leben im Stall verbringen, bekommen industriell hergestelltes Tierfutter und werden öfter krank.

Fleisch-Lexikon

Fleisch aufbewahren
Fleisch gehört in den Kühlschrank. Schweinefleisch verdirbt schnell und sollte deshalb möglichst frisch gegessen werden. Die anderen Fleischsorten dagegen sollten mindestens 2–3 Wochen reifen– das nennt man »abhängen« und passiert beim Metzger. Man erkennt das an der dunkelroten Farbe.

BSE
1985 erkrankten die ersten Rinder in England an Rinderwahnsinn (BSE). In der Schweiz gibt es seit 1990 BSE-Fälle, in Deutschland gab es 2000–2001 125 Fälle, Österreich hatte den ersten Fall Ende 2001. Bei kranken Rindern löst sich das Gehirn auf – sie werden unruhig, schreckhaft, verlieren das Gleichgewicht und werden immer schwächer. Woher BSE kommt, ob und wie es auf den Menschen übertragen wird, darüber streiten sich die Wissenschaftler. Wahrscheinlich verbreitete Tiermehl in Kälberfutter die Krankheit. Klar ist, dass Rinder als Pflanzenfresser nicht Fleisch fressen sollten. Bei Schafen und Ziegen gibt es eine ähnliche Krankheit, die Scrapie. Nur Schweine blieben bisher vom Wahnsinn verschont.

PSE-Schweinefleisch
Um viele magere Koteletts in möglichst kurzer Zeit zu bekommen, wurden neue Schweinerassen gezüchtet. Das hatte nicht nur 4 Koteletts mehr zur Folge – 2 Rippen mehr pro Schwein –, sondern auch Nachteile für die Qualität. Das Fleisch wurde blass (»pale«), weich (»soft«) und nass (»exudativ«) und schnurrte in der Pfanne auf die Hälfte zusammen. Heute wissen wir: lieber ein kerniges, etwas fettes Stück wählen – den Fettrand kann man nach dem Garen ja abschneiden und das Fleisch bleibt schön saftig.

Fleisch-ABC

Hackfleisch

Damit kann man kleine Einzelstücke gut verwerten. Es wird beim Metzger täglich frisch durch den Fleischwolf gedreht. Hackfleisch gibt es gemischt (halb Rind, halb Schwein) und nur von Rind oder Schwein. Es muss am selben Tag gegart werden, weil es schnell verdirbt.

Instant-Brühe

Fleischreste und Knochen werden zu konzentrierter Brühe eingekocht, getrocknet und mit Kräutern, Gewürzen und häufig Glutamat (› 67) gemischt. Als Würfel oder gekörnt wird dieses Konzentrat mit heißem Wasser wieder Brühe. Gibt's auch als Hühner- und Gemüsebrühe/-fond.

Kalb

Kalbfleisch stammt von ganz jungen, 3–4 Monate alten Rindern (Kälbern). Es schmeckt mild, ist sehr zart, fettarm und sehr bekömmlich. Rosiges Kalbfleisch enthält mehr Eisen als weißes, weil die Kälber gesünder gefüttert werden.

Kaninchen/Stallhase

Hasen und Kaninchen waren immer schon der Festbraten armer Leute, denn sie sind ziemlich anspruchlos zu halten. Kaninchenfleisch ist hellrosa und wird beim Garen weiß. Es ist mager und schmeckt so ähnlich wie Hühnchen.

Lamm

wird immer beliebter. Es ist saftig und zart und hat einen typischen Eigengeschmack. Fleisch von Tieren, die bis 1 Jahr alt sind, nennt man Lammfleisch, Fleisch von älteren Tieren heißt Schaffleisch. Je älter das Tier war, desto intensiver ist der typische Geschmack.

Leber

Sie ist die Entgiftungszentrale im Körper und deshalb reich an Nährstoffen – vor allem Eisen –, kann aber auch Rückstände von Medikamenten etc. enthalten.

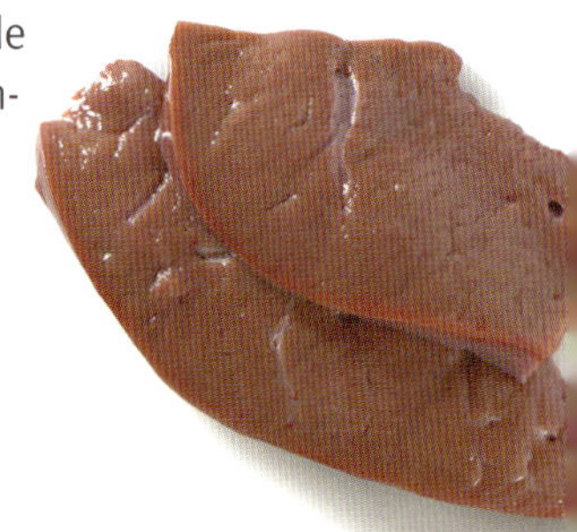

Rind

Rindfleisch ist aromatisch und kräftig, aber auch leicht zäh. Abgesehen von Steaks schmeckt Rinderfleisch am besten geschmort, z.B. als Gulasch. Oder gekocht als Suppenfleisch. Die Garzeit beträgt dann etwa 2 Stunden. Rinderfett heißt Talg.

Schwein

Schweinefleisch ist zart und mild. Schnitzel und Filet sind mager, Rippchen, Rückensteaks und Keule sind mit Fett durchwachsen und lassen sich gut grillen – das Fett brät dann aus. Gepökeltes Schweinefleisch heißt Kassler.

Wild

Zu Wild zählen Hirsch, Reh, Wildschwein, Wildkaninchen und Hase. Ihr Fleisch ist – abgesehen vom hellen Kaninchen – dunkel und sehr mager, denn Wild setzt kein Fett an. Es schmeckt kräftig. Es darf nur während bestimmter Zeiten gejagt werden.

Das ist ein Klassiker zu Spaghetti. Die Sauce brauchst du auch, wenn du Lasagne (› 107) zubereiten willst.

Zutaten für 4 Kinder:

1 große Zwiebel

1 EL Öl

300 g Rinderhackfleisch

1 TL Salz, Pfeffer

Paprikapulver

2 EL Tomatenmark

1 große Dose Tomaten

3 EL Sahne

Sauce Bolognese

> Die Zwiebel schälen und halbieren. Die Hälften längs einschneiden, so dass sie an einem Ende noch zusammenhängen. Quer in feine Würfelchen schneiden (› 141).

> In einer Pfanne das Öl erhitzen. Die Zwiebelwürfelchen im heißen Öl glasig dünsten. Hackfleisch dazugeben, kräftig anbraten und mit Salz, Pfeffer und Paprikapulver würzen. Beim Braten mit dem Löffel drücken und rühren, damit das Fleisch krümelig wird und nicht zusammenklumpt **(Bild 1)**. Tomatenmark dazugeben.

> Die Tomaten aus der Dose mit dem Saft dazugießen. Mit dem Kochlöffel die Tomaten zerdrücken. Nochmals würzen und die Sauce offen bei schwacher Hitze 20 Min. schmoren **(Bild 2)**. Zum Schluss die Sahne unterrühren.

> Wer will, kann auch Kräuter wie Lorbeer, Thymian oder Oregano dazugeben **(Bild 3)**. Dazu isst du natürlich Spaghetti (›105) und streust geriebenen Parmesan drüber.

1 ›

Mit dem Kochlöffel das Hackfleisch in der Pfanne auseinander drücken, dann wird es schön klein und krümelig.

‹ 2

Tomaten dazugeben und die Sauce ohne Deckel einkochen lassen, so wird sie sämig.

3 ›

Abschmecken nicht vergessen und eventuell nochmal nachwürzen, wenn ihr mit dem Geschmack nicht zufrieden seid.

Hackfleisch-Spezialitäten

Tartar ist Gehacktes von magerem Rindfleisch, das keine Sehnen enthält. Es ist so zart, dass es roh gegessen wird, angemacht mit Eigelb, gehackten Zwiebeln, Cornichons, Senf, Worcestersauce (› 66), Salz und Pfeffer.

Mett ist gehacktes Schweinefleisch, das schon gewürzt ist und ebenfalls roh gegessen wird.

Zutaten für ca. 10 Frikadellen oder 20 Fleischbällchen:

1 altbackenes Brötchen
1 Zwiebel
500 g Hackfleisch
1 großes Ei, 1 TL Senf
1 TL Salz, Pfeffer
1/2 TL Paprikapulver, edelsüß
1 EL gehackte Petersilie
Öl zum Braten

‹ 1

Überschüssiges Wasser aus dem eingeweichten Brötchen drücken. Ist der Teig zu dünn, zusätzlich etwas Semmelbrösel dazugeben.

2 ›

Den Hackfleischteig kräftig kneten, damit sich alle Zutaten gut mischen.

‹ 3

Mit nassen Händen lassen sich Frikadellen einfach formen. Kleinere Klöße werden schneller gar, machen aber mehr Arbeit.

4 ›

Während des Bratens die Frikadellen mit dem Bratenwender flach drücken.

Kleine Fleischbällchen kannst du prima mit frischem Gemüse, Käse usw. anrichten. Piekse einfach deine Lieblingskombination auf einen Zahnstocher.

Frikadellen

> Das Brötchen in lauwarmen Wasser einweichen. Die Zwiebel schälen und in feine Würfel schneiden.

> Das Hackfleisch in eine Schüssel geben. Das Ei , den Senf, 1 TL Salz, Gewürze, Petersilie und die Zwiebel dazugeben. Das Brötchen mit den Händen ausdrücken und zum Hackfleisch geben **(Bild 1)**.

> Alles mit einer Gabel, dem elektrischen Handrührgerät oder nassen Händen zu einem glatten Fleischteig verkneten **(Bild 2)**.

> Fett in einer Pfanne heiß werden lassen. Mit einem Löffel wenig vom Fleischteig abstechen und in der Pfanne knusprig braten, Pfanne vom Herd ziehen. Probekloß (Tipp Garprobe) probieren. Schmeckt er fade, noch etwas Salz und Gewürze zum Fleischteig geben und gut vermischen.

> Anschließend mit nassen Händen aus dem Fleischteig kleine Frikadellen formen **(Bild 3)**.

> Die Frikadellen im heißen Fett von beiden Seiten in etwa 12 Min. knusprig braten **(Bild 4)**.

Garprobe

Wer rohes Fleisch nicht probieren mag, kann eine Miniportion so zubereiten, wie es im Rezept steht, braten, dann probieren und den rohen Teig nachwürzen, wenn es nötig ist.

Mageres Fleisch schmeckt in Kruste besonders saftig. Das Rezept schmeckt auch mit Puten- oder Hähnchenbrust.

Zutaten für 4 Kinder:

3 Schweineschnitzel
à 150 g (Lummer)
Salz, Pfeffer, 3–4 EL Mehl
6–8 EL Semmelbrösel
2 Eier, Butterschmalz oder
Kokosfett zum Braten
2 Zitronen
Zahnstocher

Schnitzelchen

> Die Schnitzel kalt abspülen und trockentupfen. Auf ein Brett legen und mit dem Fleischklopfer flach klopfen, in Stücke schneiden. Von beiden Seiten mit je 1 Prise Salz bestreuen und pfeffern. Das Mehl und die Semmelbrösel auf je einen großen flachen Teller geben. Die Eier in einen tiefen Teller aufschlagen und mit der Gabel verschlagen. Die Schnitzel zuerst in Mehl wenden, abklopfen, dann im Ei. Anschließend in Semmelbröseln wenden **(Bild 1)**. Mit den Händen die Semmelbrösel andrücken.

> So viel Fett in der Pfanne heiß werden lassen, dass es etwa 1/2 cm hoch steht. Die Schnitzelchen hineingeben und von beiden Seiten goldbraun braten **(Bild 2)**.

> Die Zitronen in Spalten oder Scheiben schneiden und mit Zahnstochern auf die Schnitzel stecken. Vor dem Essen die Zitrone über dem Schnitzel ausdrücken.

1 ›

Das Fleisch würzen und in Mehl wenden. Dann durch das Ei, danach durch die Semmelbrösel ziehen.

‹ 2

Schnitzel beim Braten vorsichtig wenden und auf ausreichend Fett achten, damit die Panierung nicht verbrennt.

Lammsteaks

> Die Steaks kalt abspülen und trockentupfen. Ketchup, Senf, Öl, Zitronensaft, Sojasauce und Pfeffer verrühren. Die Steaks damit bestreichen und etwa 2 Std. ruhen lassen.

> Etwas Fett in der Pfanne heiß werden lassen. Die Steaks darin pro Seite 3–4 Min. braten. Pfanne vom Herd ziehen, Steaks zugedeckt 4 Min. nachziehen lassen.

> Mit einem Messer in die Mitte stechen. Tritt roter Fleischsaft aus, ist das Steak »rare«; eventuell musst du es noch ein bisschen braten. Jetzt mit Pfeffer aus der Mühle übermahlen. Dazu gibt es Kräuterbutter von Seite 33.

Zutaten für 4 Steaks:

8 kleine Lammsteaks à 80–100 g
1 EL Ketchup
1 EL Senf, 1 EL Öl
2 EL Zitronensaft
1 EL Sojasauce
(oder 1/2 TL Salz)
Pfeffer
Butterschmalz oder Kokosfett
zum Braten

G wie Geflügel

Alles, was Flügel hat, zählt zum Geflügel – wie der Name schon sagt. Aber nur Hühner, Enten, Gänse und die Pute sind für die Küche wichtig. Eine Sonderrolle spielen Strauß, Wachtel, Perlhuhn und Täubchen sowie Wildvögel wie Rebhuhn, Fasan und Wildenten. Früher hatte jeder noch so kleine Hof Geflügel. Denn diese Tiere brauchen wenig Platz und Futter, sie geben Fleisch, Eier und Federn für die Betten.

Gänsegeschichten

Am Sankt-Martins-Tag, dem 11. November, essen wir traditionell Gans. An diesem Tag ging im Mittelalter das Wirtschaftsjahr zu Ende, die Pacht wurde fällig. Diese zahlten die Bauern, die ihr Land ja nur gepachtet (gemietet) hatten, in Naturalien wie Eier, Getreide, Butter und Gänsen – die dann geschlachtet wurden.
Die Legende weiß einen anderen Grund: Der heilige Martin versteckte sich in einem Gänsestall, weil er nicht Bischof werden wollte – und die Gänse verrieten ihn nicht. Das war ein Wunder, denn Gänse sind wahre »Wachhunde«: Im alten Rom sollen sie durch ihr Geschnatter die Römer vor den heimlich angreifenden Galliern gewarnt haben.

Vom Federkiel zum Füller

Die ersten Briefe wurden mit zugespitzten Gänsefedern geschrieben – daher der Name. Dazu musste man die Feder immer wieder ins Tintenfass stecken und höllisch aufpassen, dass man nicht kleckerte. Später wurden Fasern aus Metall erfunden – und dann der Füllfederhalter, der einen kleinen Tintentank eingebaut hatte. Heute gibt's Patronen.

Geschnetzeltes

300 g Putenschnitzel mit Wasser abspülen und trockentupfen. Mit einem scharfen Messer in feine Streifen, etwa 1 cm breit, schneiden. (Oder lass es dir schon vom Metzger schneiden.) 1 Zwiebel schälen und fein hacken.

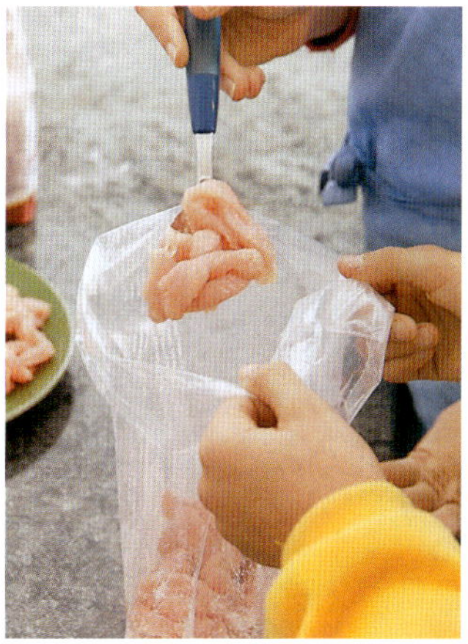

2 gestrichene EL Mehl mit 1 TL Salz, 1 Msp. Pfeffer und 1 TL Paprikapulver in eine große Gefriertüte geben. Etwas schütteln, damit sich die Zutaten vermischen. Das Fleisch hinzufügen.

Die Tüte locker mit einem Gummiband verschließen, so dass das Fleisch ausreichend Platz hat. Kräftig schütteln, bis das Fleisch rundum mit Mehl bepudert ist. Mit der Methode wird es schön gleichmäßig.

In einer beschichteten Pfanne 1–2 EL neutrales Öl oder Butter erhitzen und die Zwiebel darin bei mittlerer Hitze glasig dünsten. Fleisch hinzufügen und bei starker Hitze kräftig anbraten, bis es leicht gebräunt ist.

Mit 300 ml Brühe (› 42) ablöschen und alles etwa 10 Min. leicht kochen lassen. Dann mit 2 EL Zitronensaft, Salz, Pfeffer und Sojasauce abschmecken. 3 EL Sahne dazugeben, kurz bevor alles fertig ist.

Lass es dir schmecken. Dazu gibt's Reis mit frischen → Kräutern. Besonders hübsch: Reis mit Hilfe einer Tasse zur Kugel formen (› 121).

Geflügel-Lexikon

Geflügel aufbewahren

Geflügel enthält oft Salmonellen (› 23). Deshalb muss man es gut kühlen und schnell verbrauchen. Tiefgefrorenes Geflügel in einer glatten Schale im Kühlschrank auftauen. Auftauwasser weggießen, Verpackung in den Müll geben und das Geflügel heiß waschen. Das Fleisch mit Küchenpapier trockentupfen und verarbeiten.

Hygiene

Sie ist wegen der Salmonellen sehr wichtig. Arbeitsfläche und alle Arbeitsmaterialien mit Spülmittel gründlich reinigen und die Hände waschen. Vor allem: Geflügel immer durchgaren – es sollte innen nicht mehr rosig sein wie Steaks.

Stopfleber

Gänse- oder Entenstopfleber (Foie gras, frz., sprich: »Foa gra«) ist eine große Delikatesse mit traurigem Hintergrund: Die Vögel werden mit Getreidebrei so voll gestopft, dass ihre Leber die doppelte Größe, eine helle Farbe und zarte Konsistenz annimmt: sie verfettet. In Deutschland, der Schweiz und Österreich ist das »Stopfen« aus Tierschutzgründen verboten.

Truthahn oder Pute?

In Norddeutschland sagt man Truthahn, im Süden Pute. Die Engländer sagen Turkey, die Österreicher Indian – denn eigentlich kommt der Truthahn aus Amerika. Dort lebt er noch wild und ist schwarz gefiedert, während Zuchtputen meist weiß sind. Er war der erste Braten, den die Pilgerväter, die ersten amerikanischen Siedler, aßen. Das wird als »Thanksgiving« am 4. Donnerstag im November gefeiert; das wichtigste amerikanische Familienfest – natürlich mit einem gebratenen Truthahn.

Geflügel-ABC

Ente

Am häufigsten werden Barbarie-(Flug) Enten mit dunklem Fleisch, ähnlich wie Wild, angeboten. Pekingenten haben weißes Fleisch. Enten wiegen 1,5–3 kg. Berühmte Gerichte: Ente mit Orangen und die knusprige Peking-Ente.

Fasan/Rebhuhn

Fasan und Rebhuhn gehören wie Wildente, -taube und Moorhuhn zum Wildgeflügel. Ihr Fleisch ist dunkel und schmeckt sehr aromatisch. Es gibt strenge Vorschriften zu den Jagdzeiten. Singvögel sind geschützt.

Gans

Neben ganzen Vögeln werden Brust und Keule auch einzeln angeboten. Spezialitäten sind: Gänseschmalz, Gänsestopfleber, Gänseleberpastete, Gänseconfit (Eingemachtes) und gepökelte, geräucherte Gänsespickbrust.

Hähnchen

Hähnchen sind ideal zum Braten, ganz oder in Teilen. Die Beine und Flügel am besten im Backofen knusprig braten. Die magere Brust ist geeignet für Schnitzel und Geschnetzeltes.

Innereien

Im Ganzen verkauftes Geflügel enthält oft einen Beutel mit Hals, Herz, Leber und Magen. Den Hals kann man mitkochen oder -schmoren. Die übrigen Innereien schmecken kurz gebraten, gepfeffert und gesalzen.

Pute

Sie kann 16 kg wiegen – deshalb werden meist Teile angeboten: die helle, magere Brust für Schnitzel und Geschnetzeltes. Und die dunkle, fettere Keule, die sich für Braten, für Gulasch oder Steak eignet.

Suppenhuhn

Suppenhühner sind ausgemusterte Legehennen. Ihr etwas zähes Fleisch wird durch längeres Kochen zart – in der Suppe eben. Oder als Frikassee: Fleisch in einer Béchamelsauce aus der Brühe (› 64).

Strauß

Der Strauß hat dunkles, aromatisches Fleisch, das nach Wild schmeckt. Es ist sehr mager und lässt sich wie Rindfleisch verwenden. Straußenfarmen sind durch BSE (› 41) mehr in Mode gekommen.

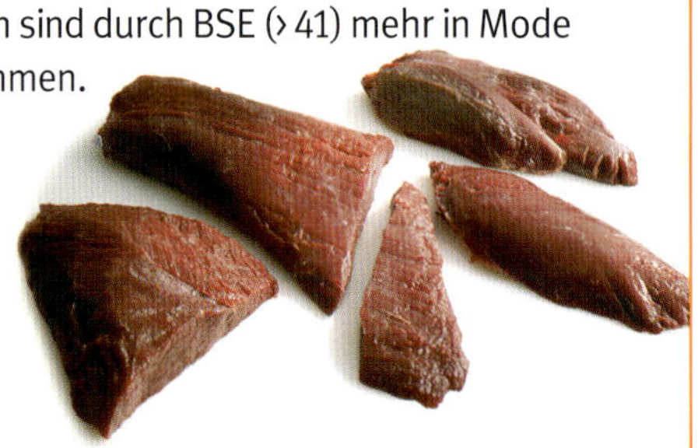

Wachtel

Wachteln sind mit 165–300g das kleinste Geflügel, das gezüchtet wird. Ihr Fleisch ist sehr zart, eher dunkel und eine Delikatesse. Sie werden im Ganzen gebraten und sind frisch in Feinkostläden und guten Metzgereien zu kaufen.

Es darf geknabbert werden! Keulen und Flügel schmecken am besten aus dem Ofen: Das Fett brät aus der Haut aus und macht sie schön knusperig.

Rezept **G**

Zutaten für 4 Kinder:

8 Hühnerflügel

4 kleine Hühnerkeulen

1 TL Salz

1 Messerspitze weißer Pfeffer

2 TL Paprikapulver, edelsüß

Öl für das Blech

Hühnerfritters aus dem Ofen

> Das Fleisch unter fließendem Wasser abspülen und trockentupfen. Den Backofen auf 200° vorheizen. Salz mit Pfeffer und Paprikapulver vermischen. Die Hühnerteile damit einreiben.

> Ein Backblech mit Alufolie – blanke Seite nach oben – auslegen und die Folie leicht einölen. Die Hühnerbeine darauf legen und im Ofen (Mitte, Umluft 180°) 15 Min. backen. Die Hühnerflügel dazulegen und noch 15 Min. mitbacken. Dabei alles einmal wenden.

> Die Hühnerbeine sind gar, wenn beim Einstechen in den dicksten Teil der Keulen nur noch farbloser Fleischsaft austritt. Ist er rosa, brauchen die Keulen noch 5 Min. im abgeschalteten Ofen. Dazu passen Ofenkartoffeln (› 79) ganz toll. Und Tsatsiki (› 85) oder Salat.

Tipp
Geflügel hat Fett unter der Haut, das die Tiere vor Kälte schützt. Extrem viel haben Wasservögel wie Gänse und Enten. Deshalb fängt man es beim Braten auf und verwendet es nachher statt Butter als Brotaufstrich oder zum Kochen. Sauerkraut oder Rotkraut schmeckt toll mit Gänse- oder Entenfett! Beim Hähnchen ist das nicht nötig – aber du kannst eine zusätzliche Fettzugabe sparen.

Hähnchenkunde

Je nach Größe heißen Hähnchen oder Hühner unterschiedlich. Das ist in der EU genau vorgeschrieben:

> **Stubenküken** sind Hähnchen unter 28 Tagen, die höchstens 750 g wiegen. Sie wurden früher in der »Stube« großgezogen.

> **Hähnchen** müssen zwischen 700 und 1400 g wiegen.

> Zusätzlich gibt es noch inoffizielle Namen: **Broiler** meint Hähnchen und **Poularde** ein besonders schweres Hähnchen.

> **Maismasthähnchen** sind gelb, weil sie mit Mais gefüttert werden.

G wie Gemüse

Wer hätte das gedacht: Gemüse kommt von Mus – dazu wurde es nämlich noch vor 100 Jahren zerkocht. Aber was haben die vielen verschiedenen Sorten gemeinsam? Außer Spargel und Rhabarber (› 116) sind alle Gemüsepflanzen einjährig, d.h., sie müssen jedes Jahr neu gesät oder ausgepflanzt werden. Je nach Pflanze werden unterschiedliche Teile verwendet: die Wurzeln, die Blätter, der Stiel oder die Früchte. So werden sie grob eingeteilt in Frucht-, Kohl-, Blatt-, Stängel-, Wurzel- und Zwiebelgemüse.
Übrigens: Wenn du wissen willst, wann du dein Lieblingsgemüse ganz frisch bekommst, wirf einen Blick in den Saisonkalender (› Klappe E).

Roh oder gekocht?

Beides hat Vorteile. So gibt es Vitamine, die durch Kochen zerstört werden – andere werden dadurch besser verwertbar. Ballaststoffe sind am meisten in Rohkost enthalten. Aber auch Substanzen, die unsere Verdauung belasten. Deshalb solltest du → Hülsenfrüchte nicht roh essen. Und Auberginen oder → Kürbis schmecken roh gar nicht. Am besten ist es abzuwechseln. Probiere aus, was dir am besten schmeckt – in unserem ABC findest du dazu mehr Informationen.

Gemüse-Lexikon

Einkauf
Nach der Ernte verliert Gemüse sehr schnell seine wertvollen Inhaltsstoffe. Deshalb beim Einkaufen darauf achten, dass die Blätter knackig und grün sind, die Oberfläche prall und glänzend, die Schnittstellen frisch und saftig. Bei verpacktem Gemüse wird manchmal geschummelt: Unter Klarsichtfolie und Banderolen können sich welke, faule Stellen verstecken.

Frisch halten
Gemüse im Gemüsefach des Kühlschranks aufbewahren. Gemüse hält sich in gelochten Plastiktüten am besten. Tomaten und Salatgurke lieber etwas wärmer lagern. Blätter, die nicht mitgegessen werden, wie bei Möhre, oder Blumenkohl, vorher abschneiden. Denn sie ziehen Energie aus dem Pflanzenteil, den du essen möchtest. Der wird dann schnell alt und schrumpelig.

Frisch, tiefgefroren oder Dose?
Knallfrisch vom Feld hat Gemüse seine volle Kraft. Wenn es tagelang liegt, baut es ab. Tiefgefrorenes Gemüse leidet beim Einfrieren etwas, hält dann aber seine Qualität. Bei Dosengemüse sind die Verluste am Anfang noch höher. Trotzdem enthält es immer noch wertvolle Inhaltsstoffe.

Beim Wok ist wichtig: Alles muss vorher klein geschnitten werden. Dazu passt am besten Reis – oder einfach Brot.

Zutaten für 4 Kinder:

400 g Pak Choi
300 g Möhren
150 g Zuckerschoten
100 g frische Sojasprossen
100 g Maiskörner (Dose)
1–2 EL Öl (am besten Soja- oder Erdnussöl)
1 EL Sojasauce
1/2 TL Salz, Pfeffer
2–3 EL Zitronensaft

Gemüse aus dem Wok

> Den Strunk vom Pak Choi entfernen, die einzelnen Blätter waschen. Das Grüne von den Blättern abschneiden, die restlichen weißen Rippen in Scheiben schneiden. Möhren und Zuckerschoten waschen, Möhren schälen und in Scheiben schneiden. Die Enden der Zuckerschoten abknipsen.

> Sojasprossen abspülen und den Mais abgießen. In einem Wok das Öl erhitzen. Zuerst die Möhren hineingeben und kräftig anbraten, anschließend die Rippen des Pak Choi dazugeben. Einige Minuten braten, dabei mit Sojasauce, Salz und Pfeffer würzen.

> Die Zuckerschoten dazugeben und alles weiterbraten. Sojasprossen und Maiskörner zugeben und kurz mitbraten **(Bild 1)**. Zum Schluss die Blätter des Pak Choi zugeben. Mit Zitronensaft und Sojasauce abschmecken. Das Gemüse sollte noch Biss haben.

SO SCHMECKT'S AUCH:
Du kannst das Gericht auch mit weniger Gemüsesorten machen – insgesamt sollte es gut 1 kg sein. Für den Wok geeignet sind außerdem Frühlingszwiebeln, Chinakohl, Paprika, Pilze oder Brokkoli – alles schön klein geschnitten. Als Gewürz passen noch Ingwer, Zitronengras und Knoblauch dazu.

1 ›

Im Wok wird Gemüse mehr gebraten als gekocht. Danach schmeckt es toll knackig. Deshalb eignen sich alle Gemüsesorten, die schnell gar sind. Du musst beim Braten ständig rühren. Sonst sammelt sich Wasser im Wok und das Gemüse wird gedünstet und schmeckt anders.

Waschen und schälen oder putzen?

Waschen ist bei Gemüse ebenso wichtig wie bei Obst. Danach glattschaliges Gemüse wie Tomaten, Gurke oder Paprika abreiben. Und weil nicht alles mitgegessen wird, muss man Gemüse auch putzen, Stiele und Blütenansätze oder welke, beschädigte Gemüseteile entfernen. Schälen ist z.B. bei Zwiebeln, Roter Bete oder Kürbis nötig. Bei Möhren, Gurke, Zucchini oder Kohlrabi kommt es darauf an, wie zart die Haut ist. Versuche, möglichst wenig zu schälen, denn in und unter der Schale sind die wertvollsten Inhaltsstoffe enthalten. Bei Kohl harte Außenblätter, Mittelrippen und Strunk entfernen – sie enthalten besonders viel Nitrat (› 123).

Gemüse ABC

Seltsamerweise essen viele Kinder Gemüse nicht so gern, obwohl es so dekorativ aussieht. Dabei finden sich in keinem anderen Lebensmittel so viele wohltuende Dinge! Hier findest du »nur« 30 Gemüsesorten – und die häufigsten haben ein eigenes Kapitel bekommen: → Brokkoli, → Erbsen, → Gurke, → Kartoffeln, → Kraut, → Kürbis, → Möhre, → Salat, → Spinat und → Tomate.

Artischocke

Die Artischocke ist eine Distel, die bis zu 2 m hoch wird. Essbar sind nur die gekochte Knospe oder deren Herz oder Boden. Die gegarten Blätter kannst du dippen und das fleischige Ende abknabbern.

Aubergine

Sie heißt auch Eierfrucht, denn ihre Vorfahren aus dem Fernen Osten sind weiß und sehen aus wie Eier. Auberginen sind roh nicht essbar. Gekocht schmecken sie schnell schwammig; am besten schmecken sie gebraten.

Chinakohl

Chinakohl ist das → Kraut der Chinesen und sehr mild: Er schmeckt fein geschnitten roh als Salat und lässt sich dünsten oder im Wok braten. Dabei ist er viel besser verträglich als Kohl und in 10 Minuten gar!

Fenchel

Fenchel hat eine rundliche, weiße Knolle. Er schmeckt ein bisschen wie Anis und ist supergesund. Er kann auch roh geknabbert werden. Das Grün sieht aus wie Dill und schmeckt auch so – gehackt wird es auf Gemüse oder Salat gestreut.

Kohlrabi

Kohlrabi schmeckt roh und gekocht. Er muss geschält werden und darf nicht holzig sein. Die jungen Blättchen sollte man gehackt mitessen, denn sie enthalten viel mehr Nährstoffe als die Knolle. Kohlrabi kann man dünsten wie → Möhren.

Lauch

Lauch heißt auch Porree und ist beim Suppengemüse dabei. Er gehört zur Familie der Zwiebeln, schmeckt ähnlich, aber milder und wird meist gedünstet. Du musst ihn sehr gründlich waschen, weil meist Erde zwischen den Schichten ist.

Avocado

Avocado wird auch Butterfrucht genannt, weil sie ein Drittel wertvolles Fett hat! Sie ist essreif, wenn die Schale auf Fingerdruck nachgibt. Sie schmeckt mit Zitronensaft, Salz und Pfeffer gut als Creme. Oder du löffelst sie aus.

Blumenkohl

Er ist so weiß, weil die grünen Blätter über dem Kopf zusammenwachsen. Eine neue Sorte ist der grüne Romanesco, der auch Türmchenkohl heißt. Beide kann man gekocht oder roh geraspelt als Salat essen (→ Brokkoli).

Grüne Bohnen

Bohnen gehören zu den → Hülsenfrüchten. Es gibt Buschbohnen, die an kleinen Büschen wachsen oder Stangenbohnen, die sich an langen dünnen Stangen ranken. Bohnen darf man nicht roh essen.

Frühlingszwiebeln

Sie haben nur eine kleine Knolle und viel Grün, das man wie Schnittlauch essen kann. Sie schmecken roh im Salat oder gedünstet – immer mit ihrem Grün. Ähnlich sind die Lauchzwiebeln.

Grünkohl

Grünkohl kann man nicht roh essen – er ist zu derb. Aber dafür hat er die meisten Vitamine und kann auf dem Feld überwintern. Er schmeckt am besten nach dem ersten Frost.

Knollensellerie

Er gehört zum Suppengemüse und schmeckt sehr würzig, fast fleischähnlich. Roh wird er geraspelt und im Waldorfsalat mit Walnüssen, Raspeläpfeln und Sahnedressing gemischt, gekocht kann man ihn mit → Kartoffeln pürieren.

Mangold

Mangold ist mit Roter Bete und → Spinat verwandt. Meist hat er breite Rippen, die zuerst gedünstet werden müssen. Denn die Blätter sind im Nu gar. Sie werden auch gerne für alle Arten von Rouladen verwendet.

Pak Choi

Pak-Choi oder -Soi ähnelt Mangold mit seinen breiten Stielen und Chinakohl im Geschmack. In China wird er wie Sauerkraut eingelegt. Er schmeckt als Salat oder im Wokgemüse. Die Rippen haben längere Garzeiten als die Blätter.

Paprikaschote

Die Schote ist in Wirklichkeit eine Beere. Grün sind sie zu Beginn der Reife, werden dann gelb und am Ende rot. Paprika ist Spitze in puncto Vitamin C: Rote haben doppelt so viel wie Zitrone! Schmeckt roh und gegart.

Pastinaken

Pastinaken sind in England und USA ein Alltagsgemüse. Sie beruhigen den Magen, schmecken sehr würzig und lassen sich dünsten wie → Möhren. Das Grün wird wie Petersilie verwendet.

Pilze

Als Zuchtpilze kaufen kann man Champignons, Pfifferlinge, Austernpilze und Shiitake. Sie enthalten sehr viel Eiweiß und verderben daher schnell. Deshalb Pilzgerichte lieber nicht aufwärmen. Getrocknete Pilze geben viel Würze.

Radieschen

Radieschen haben einen scharfen Geschmack und werden nur roh mit Salz gegessen. Du kannst sie auch in einen bunt gemischten Salat schnippeln.

Rote Bete

Rote Bete oder Rüben enthalten einen sehr intensiven roten Farbstoff, mit dem man Speisen färben kann. Im Sommer schmecken sie fein geraspelt als Salat, sonst kann man sie dünsten wie Möhren. Jeder kennt sie sauer eingelegt im Glas.

Rübchen

Mai-, Herbst- oder Teltower Rübchen sind meist rund, gelb bis weiß-lila und werden so groß wie ein Tennisball. Sie lassen sich wie Möhren roh oder gedünstet essen. Rübstiel (Stielmus) ist das Grün, das man wie Spinat zubereitet.

Schwarzwurzeln

Sie sondern beim Schälen einen weißlichen Saft ab (er lässt sich abreiben). Sie wirken entzündungshemmend und sehen aus wie Spargel. Am besten schmecken sie in einer Béchamelsauce (› 64).

Staudensellerie

Staudensellerie ist mit der Knolle verwandt. Manchmal haben die Stiele Fäden, die man abziehen muss. Sie sind roh zum Dippen toll und schmecken gekocht milder als die Knolle. Das Grün ist eine gute Suppenwürze.

Wirsing

Wirsing ist kräftiger als Weißkohl und schmeckt am besten geschmort. Er lässt sich zu Rouladen rollen und passt zu Lammfleisch. Bei Bauchweh wurden früher Wirsingblätter im Ofen erhitzt und auf den Bauch gelegt.

Zucchini

Zucchini schmecken klein (125 g) am besten. Die großen eignen sich zum Füllen. Es gibt auch quietschgelbe Sorten. Zucchini schmecken fein geraspelt auch roh. In Italien ist die Zucchiniblüte eine Delikatesse: Sie wird gefüllt und ausgebacken.

Rettich

Rettich isst man roh, Salz nimmt ihm die Schärfe. Man kann ihn kunstvoll mit einem Spiralschneider in Spiralen schneiden. In Bayern schmeckt der »Radi« fein zur gebutterten Brezel.

Rosenkohl

Jedes Röschen, das um den grünen Kohlstamm herum wächst, ist ein kleiner Kohlkopf. Nach dem ersten Frost schmeckt er am besten. Vor dem Garen Röschen putzen und von unten kreuzweise einschneiden.

Spargel

Weißer wächst unter der Erde, der violette steckt sein Köpfchen heraus und ist deshalb vitaminreicher. Grünen Spargel muss man nicht schälen wie den weißen. Frischer Spargel hat geschlossene Köpfe und saftigen Anschnitt.

Sprossen

Sprossen werden vor allem aus Soja- oder Mungobohnen, Alfalfa oder Rettich gezogen. Sie sollten vor dem Essen gewaschen und einmal erhitzt werden, denn in den feuchten Sprossen bilden sich gerne Keime.

Zuckermais

Zuckermais ist eine besonders süßliche, weiche Sorte. Wenn er sehr frisch ist, schmeckt er auch roh. Er lässt sich grillen und kochen (Salz erst später zugeben). Minimais gibt's frisch im Asienladen für den Wok oder sauer eingelegt im Glas.

Zwiebel

Sie enthält Allizin, das uns zum Weinen bringt und vor Krankheitskeimen schützt. Schalotten sind die feinsten und Gemüsezwiebeln mild und saftig. Eine angeschnittene Zwiebel auf einem Insektenstich wirkt abschwellend und heilend.

Alles frisch?

Frisches Gemüse ist knackig, hat saftige Schnittstellen, frische Farben und pralle Blätter. Es ist nicht lange haltbar, aber du siehst, wenn es alt ist: Welke Blätter, schrumpelige Haut, vertrocknete Schnittstellen, gelbliche Verfärbung oder gar faulige Stellen sind gut zu erkennen.

Kleingeschnittenes, geputztes Gemüse ist nur kurz haltbar. Luft, Licht und Wärme kommen überall an die Pflanze und zerstören Vitamine und Bioaktivstoffe. Deshalb Gemüse am besten im Ganzen aufbewahren.

Richtig aufbewahren

→ Tomaten, → Gurke, → Kartoffeln, Zwiebeln und Knoblauch auf keinen Fall im Kühlschrank aufbewahren, sie vertragen keine Kälte. Am besten an einem kühlen, dunklen Platz lagern (Speisekammer, Keller, Regalbrett in Bodennähe). Wenn die Tomaten nachreifen sollen, gehören sie ins Helle. Im Gemüsefach unter der Glasplatte ist es mit 7–9° nicht ganz so kalt wie im übrigen Kühlschrank – gerade richtig für Gemüse. So solltest du es verpacken:

→ Salate und Blattgemüse (→ Spinat, Mangold) in feuchtes Zeitungspapier wickeln und dann in eine Plastiktüte mit Löchern (kannst du mit einem Locher hineinstanzen) packen.

› Alles übrige Gemüse nur locker in gelochte Plastiktüten packen.

› Pilze in einer offenen Schale aufbewahren.

› Wenn etwas angeschnitten ist, mit Frischhaltefolie dicht verschließen.

› Wenn Blätter nicht mitgegessen werden, vorher abtrennen. Sie ziehen Feuchtigkeit und Energie aus dem Gemüse und machen es schlapp.

› Das Gemüsefach regelmäßig auswaschen.

G wie Getränke

Noch nie gab es eine so große Auswahl an Getränken wie heute: Erfrischungsgetränke, Säfte oder Tees. Sind sie wirklich alle gut geeignet, den Durst zu löschen? Auf jeden Fall trinken Kinder und Jugendliche in Deutschland viel zu wenig (› 4,59). Und das muss ja nicht sein!

Trinkwasser, ein kostbares Gut

Amerikanische Schulkinder trinken viel mehr – wahrscheinlich auch, weil jede Schule Trinkbrunnen hat. Denn Trinkwasser ist der beste Durstlöscher. Kein anderes Lebensmittel wird so streng kontrolliert. Du kannst dein Wasser kurz in den Kühlschrank stellen oder 1 Eiswürfel hineintun – kalt schmeckt es nämlich am besten.

Mineralwasser

Mineralwasser wird im Gegensatz zu Trinkwasser aus tiefen Bodenschichten gewonnen. Es enthält deshalb mehr Mineralstoffe, die es auf seinem Weg aus den Gesteinsschichten löst. Das kann man auf dem Etikett (Klappe D) nachlesen. Wenn »enteisent« darauf steht, wurde ihm Eisen entzogen, bei »entschwefelt« Schwefel – beides, um das Wasser klar und appetitlich zu halten. Kohlensäure (› 59) ist meist von Natur aus drin. Es gibt auch »stilles«, also nicht sprudelndes Mineralwasser. Heilwasser ist ein Mineralwasser, das wie ein Arzneimittel überprüft wird und heilen soll, also zum Durstlöschen nicht geeignet ist. Tafel- und Quellwasser ist ein Mix aus Trink- und Mineralwasser und wird gerne als Sodawasser angeboten.

Folgenreiche »Tee-Party« in Amerika

Schon mal was von der »Boston Tea Party« gehört? Damals war Amerika eine britische Kolonie und musste hohe Abgaben und Zölle an England zahlen. Aus Protest dagegen verkleideten sich 1773 amerikanische Kolonisten als Indianer, erstürmten in Boston ein englisches Schiff und warfen die ganze Teeladung ins Wasser! Damit begann der amerikanische Unabhängigkeitskrieg und die USA wurden geboren! 1908 erfanden die Amerikaner dann den Eistee. Ursprünglich allerdings kommt Tee aus China.

Kräutertees als Medizin

Heißes Wasser löst aus getrockneten Kräutern, Samen, Früchten, Blättern oder Blüten ätherische Öle, die man als Aufguss trinkt. Am besten wirken sie, wenn der Tee noch heiß ist. Vielleicht versucht du selber das nächste Wehwehchen mit einem Tee zu kurieren? Die Zutaten bekommst du in der Apotheke abgewogen.

Fencheltee gibt man schon Babys gegen Blähungen. Die Fenchelsamen in der Apotheke im Mörser leicht stoßen lassen – dann wirken sie besser.

Früchtetee hat in erster Linie erfrischende Wirkung und ist eine nette Abwechslung zu Wasser. Schmeckt auch kalt!

Hagebuttentee wirkt belebend und enthält viel Vitamin C.

Hibiskustee ist erfrischend und säuerlich – du kannst ihn auch kalt trinken. Nicht verwechseln mit Malventee.

Kamillentee heilt und beruhigt Nerven und Magen. Trink ihn, wenn du gestresst bist.

Lindenblütentee hilft bei Husten und Schnupfen und senkt das Fieber.

Malventee wirkt gegen Entzündungen im Mund, Hals oder Magen. Beim ersten Halsweh ein Tässchen wirkt Wunder.

Pfefferminztee hilft, wenn einem richtig übel ist, man zu viel gegessen oder einfach Bauchweh oder Durchfall hat. Vielleicht stellst du ihn für die nächste Geburtstagsparty bereit?

Salbeitee ist die beste Medizin gegen Husten und Heiserkeit – auch gegen wunde Stellen im Mund. Bei Halsentzündung kannst du mit Salbeitee gurgeln.

Saft-Lexikon

Ideal für Sportler: Apfelsaftschorle
Wissenschaftler haben festgestellt, dass reiner Apfelsaft mit Mineralwasser 1:1 gemischt das ideale Getränk für Sportler ist. Es enthält genau die richtige Mischung aus Fruchtzucker und Mineralstoffen, die unser Körper braucht, wenn wir geschwitzt haben.

Wie viel Frucht ist drin?
Viele Getränke sehen aus wie Fruchtsäfte, sind aber eigentlich keine. Doch wer das Etikett versteht, weiß, was in den bunten Flaschen ist.
Reiner Fruchtsaft ist es nur, wenn's auch draufsteht.
Oft wird dieser Saft aus **Konzentrat** hergestellt – auch das steht drauf. Hierbei wird der Saft erst eingedampft, transportiert und dann wieder mit Wasser aufgefüllt. Besser wird er dadurch nicht!
Fruchtnektar enthält nur noch zwischen 25 und 50 % Saft, aber Wasser und Zucker.
Fruchtsaftgetränk hat nur noch 6–30 % Saft, aber Zucker, Aromastoffe und »Genusssäuren«, damit er nach etwas schmeckt.
Der allerbeste Saft ist natürlich der frisch gepresste. Denn alle anderen Säfte müssen erhitzt (pasteurisiert; › 98) werden, damit sie haltbar sind. Sonst gären sie und werden zu Obstwein!

Alle Tassen im Schrank?

Es gibt fast für jedes heiße Getränk eine Tassenform, in der sich das Aroma besonders gut entfaltet. Teetassen sind flach und breit – je dünner das Porzellan ist, desto feiner! Kaffee wird aus höheren, bauchigen Tassen getrunken, Espresso aus Mini-Tassen und Milchkaffee sogar aus Schalen – wie in Frankreich. Für alle Getränke geeignet sind Becher aus Keramik oder aus hitzefestem Glas.

Getränke-ABC

Energy Drinks

Sie enthalten so viel Koffein wie Kaffee – das treibt das Wasser aus dem Körper und ist für Kinder ungeeignet. Den anderen Inhaltsstoffen konnte man bisher keine Wirkung nachweisen, sie können aber allergisch machen.

Erfrischungsgetränke

Von Cola bis Zitronenlimo – sie enthalten viele Aromastoffe, Farbstoffe und Zucker. Mach einmal einen Geschmackstest und trinke sie zimmerwarm – das entlarvt die Künstlichkeit. Zum Durstlöschen sind sie ungeeignet.

Eistee

Das Etikett verrät es: Eistee hat mehr mit Erfrischungsgetränken zu tun als mit Tee. Denn er enthält außer getrocknetem Schwarztee vor allem Aromastoffe, Farbe und Zucker. Es gibt Eistee als Instant-Pulver oder Limonade.

Kaffee

Die gerösteten Kerne der Kaffeekirsche sind die Grundlage. Ihr Koffein putscht auf, deshalb ist er nichts für Kinder. Malzkaffee wird vorwiegend aus Gerste (› 62) hergestellt und ist mit heißer Milch als »Kinderkaffee» super.

Kakao

Kakao gibst es frisch wie → Milch aus dem Kühlregal oder als Instant-Pulver zum Mixen mit Milch oder Wasser. Neben Kakaopulver enthält er → Zucker, oft Vanille und andere Zusatzstoffe.

Multivitaminsaft

Saft, Nektar oder Fruchtsaftgetränk (› 57) wird oft mit Vitaminen angereichert. Wer viel davon trinkt, kann eine Unmenge Vitamine bekommen, die er gar nicht braucht. Dabei enthält reiner Fruchtsaft genug Vitamine – und zwar natürliche.

Sirup

Sirup enthält bis zu zwei Drittel Zucker. Er lässt sich mit Wasser zu Limonade mixen und schmeckt als Sauce zu Eis. Sirups gibt es von vielen Früchten: Grenadine stammt von Granatäpfeln, Cassis von Johannisbeeren.

Grüner Tee

Hierfür werden frische Teeblätter erhitzt und schnell getrocknet. Er schmeckt anders als schwarzer Tee und fördert die Konzentration. Grüntee mit heißem, nicht kochendem Wasser aufgießen und nach Packungsangabe ziehen lassen.

Schwarzer Tee

Beim langsamen Trocknen werden die Teeblätter schwarz und entwickeln dabei wertvolle Substanzen (fermentieren). Schwarztee macht nach 3 Min. Ziehzeit wach, nach 5 Min. beruhigt er. Das kommt vom Koffein, das auch in Tee ist.

Getränke selber machen

Saft auspressen

Orangen oder Zitronen halbieren, eine Hälfte mit der Hand auf die Presse setzen und hin und her drehen. Zitronenpressen haben meist einen kleineren Presskopf als Orangenpressen. Gut, wenn du beide Sorten hast, aber es klappt auch mit nur einer.
Toll sind elektrische Entsafter. Da kannst du ganze Äpfel, Möhren, Birnen oder Radieschen hineintun und bekommst frischen Saft heraus.

Tee kochen

Es gibt unglaublich viele verschiedene Sorten Kräuter- oder Früchtetee – probiere aus, was dir schmeckt. Allerdings ist nicht jeder Kräutertee geeignet zum Durstlöschen, manche sind Medizin (› 57)! Viele Teesorten gibt es fertig in Beuteln. Das ist am einfachsten. Für richtige Tee-Genießer gibt es Tee-Eier, Teesäckchen, Teebeutel oder Teekannen mit Siebeinsatz.

Für 1/4 l Wasser reicht 1 TL Tee – auf der Packung ist meist etwas mehr angegeben. Das Wasser zum Kochen bringen und über den Tee gießen. Das heißt »aufbrühen«.
Die Eieruhr stellen – wie lange, hängt von der Teesorte ab. Dann müssen die Teeblätter entfernt werden. Also: Beutel, Tee-Ei oder -Filter herausnehmen. Jetzt ist der Tee fertig.

Tee für Kinder

Schwarzer Tee ist durch seinen Koffeingehalt genau wie Kaffee für Kinder nicht das Richtige. Das gilt auch für die vielen aromatisierten Schwarztees – verwechsle sie nicht mit echten Früchtetees. Doch nicht nur die sind für Kinder prima – auch Kräutertees (› 57). Ganz toll ist Rooibostee – er enthält kein Koffein, schmeckt schön würzig und macht fit – sogar gegen Allergien. Es stammt vom Rotbusch in Südafrika. Auch Ayurveda- oder Jogitee kannst du unbesorgt trinken. Wer unbedingt will, kann den Tee mit einer der vielen › Süßen abschmecken: Alles löst sich wunderbar auf. Wer mag, kann auch etwas Zitronensaft oder Milch dazugeben. So mögen jedenfalls die Inder ihren schwarzen Tee. Während die Japaner ihn ganz ohne genießen.

Wie kommt der »Bitzel« ins Mineralwasser?

CO_2 heißt Kohlendioxid und ist das »Gas«, das wir ausatmen. Im Erdinneren ist es als Kohlensäure fest gebunden. Das Wasser löst es aus dem Gestein heraus und nimmt es mit zur Quelle. Sobald die Kohlensäure entweichen kann, zerfällt sie in Wasser und Kohlendioxid, das in Luftbläschen aufsteigt und das Wasser frisch hält.

Warum ist Trinken so wichtig?

Unser Körper besteht ja zum größten Teil aus Wasser. Es transportiert die Nährstoffe und den Sauerstoff zu den Zellen und schafft den »Abfall« fort. Auch die Körpertemperatur wird mit Hilfe von Wasser geregelt, nämlich durch das Schwitzen.
Nun wird die Flüssigkeit durch Schwitzen oder über die Blase dauernd ausgeschieden. Du musst also nachfüllen – und zwar genug! Sonst können alle diese Prozesse in deinem Körper nicht optimal funktionieren. Genug heißt: 1,5-2 l am Tag. Und am gesündesten ist Wasser!

G wie Getreide

Das sind die Körner, von denen die Welt lebt – auch wir. Sie sehen unterschiedlich aus und schmecken auch ganz verschieden. Aber sie wachsen alle an einem Halm oder Stiel, sie lassen sich lange aufbewahren, sie müssen zum Essen gemahlen und dann gekocht oder gebacken werden. Erst das Getreide machte es möglich, dass die Menschen von Jägern und Sammlern zu Bauern wurden. Die wichtigsten Getreidesorten der Welt sind Weizen, Mais und → Reis.

Getreideschätze

Getreide kann man lange lagern. In Knossos auf Kreta fand man in der Vorratskammer des Palastes 4000 Jahre alte Weizenkörner! Damit konnte man Handel treiben, Vorräte anlegen, Belagerungen aushalten oder ganze Soldatenheere anheuern. In Rom wurden die Legionäre tatsächlich mit Weizen bezahlt! In Deutschland gibt es Lagerhallen, in denen 350.000 t Platz haben!

Woraus besteht ein Korn?

Grob gesehen besteht ein Getreidekorn aus drei Teilen:

1. dem Keim, der alle Informationen für eine neue Pflanze in sich trägt und deshalb ein Kraftpaket an wertvollem Eiweiß und Fett ist;
2. dem Mehlkörper, der die Energiereserve zum Wachsen bereit stellt und aus reinen Kohlenhydraten besteht;
3. der Außenschicht, in der sich Ballaststoffe, Schutzstoffe, Vitamine und Mineralstoffe konzentrieren.

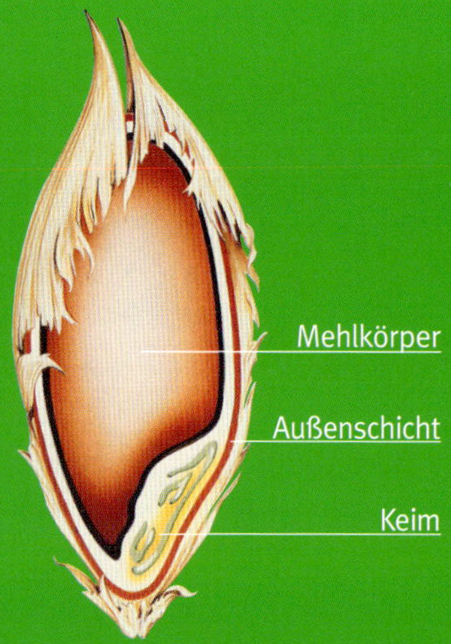

Müsli selber machen

Haferflocken kannst du selber flocken – frisch schmecken sie am besten. Dafür gibt es ein spezielles Gerät, den Flocker: Oben kommen die Körner herein und unten die Flocken heraus: Frischer geht's nicht.

Die puren Flocken kannst du jetzt nach Lust und Geschmack mit Körnern und Samen, mit getrockneten oder frischen Früchten mixen. Außerdem passen → Nüsse. Auch Schokoflocken sind beliebt.

Jetzt fehlt nur noch Milch oder Joghurt drüber und fertig ist ein Frühstück, das mindestens bis zum 2. Frühstück fit und satt macht.

Müsli und Cerealien

Das Ur-Müsli kommt aus der Schweiz, und ist richtiges Kraftfutter: Roher Getreideschrot wurde eingeweicht und mit Joghurt, Trockenfrüchten, Nüssen und Honig gemischt. Heute zählen auch Flocken zum Müslimix. Cereals (sprich: »Ssiriels«) ist der englische Name für Frühstücksgetreide. Wir sagen Cerealien. Das sind z.B. fertig gemischte Müslis, Flakes und auch Müslischnitten – sieht also Getreide nicht mehr sehr ähnlich. Der Name kommt von der römischen Ackerbau-Göttin Ceres.

Wie süß soll's sein?

Wer selber flockt, bestimmt die Süße selbst. Fast alle Cerealien sind schon gesüßt. Womit, das steht auf der Packung. Spezielle Zuckerarten sind: Glucose, Fructose, Maltodextrine, Dextrose, Lactose.

Zusatzstoffe mit der Gießkanne?

Cerealien gehören zu den typischen Kinderprodukten, die mit Vitaminen, Mineralstoffen und Aromastoffen angereichert werden. Das steht auf der Packung. Doch wer sich ganz normal ernährt, braucht das nicht. Im Gegenteil: Das Forschungsinstitut für Kinderernährung fand heraus, dass diese Anreicherungen meist unausgewogen und unnötig sind.

Getreide-Lexikon

Getreidemühlen
Getreide wird in riesigen elektrisch betriebenen Mühlen gemahlen. Dabei wird das Korn gereinigt, zerkleinert und in unterschiedliche Größen vermahlen: Mehl ist am feinsten. Dann folgen Schrot, Grieß und Grütze mit den größten Teilchen. Mit einer Getreidemühle kannst du dein Mehl selber mahlen.

Die Type
Vollkornmehl wird aus allen Bestandteilen des Korns gemahlen, Weißmehl nur aus dem Mehlkörper. Dazwischen gibt es mehrere Stufen der »Ausmahlung«, erkennbar an der Type. Normales, weißes Weizenmehl hat die Type 405. Dann gibt's noch Type 550, das zum Backen ideal ist oder Type 1050, das beste Pizza-Mehl. Weizen-Vollkornmehl hat die Type 1700, Roggenmehl die Typen 997, 1150 oder Vollkorn.

Kleber hält das Brot zusammen
Weizen, Roggen, Gerste, Hafer und Dinkel haben etwas gemeinsam: das Klebereiweiß (Gluten). Es sorgt dafür, dass der Teig zusammenhält, locker bleibt und das Gebäck nicht zusammenfällt. Mit den übrigen Getreidearten lässt sich deshalb nur schwer backen.

Mehlmotten
Mehlmotten legen ihre Eier u. a. in Getreidevorräte. Gegen Mehlmotten hilft:
› Befallene Packungen wegwerfen.
› Biologische Lockfallen (Drogerie oder Bioladen) in die Küche kleben.
› Vorräte in sauberen Schraubgläsern oder Tiefkühl-Boxen aufbewahren.

Speisestärke
Sie sieht beinahe aus wie Puderzucker und wird aus Weizen, Kartoffeln, Mais, Reis oder tropischen Stauden gewonnen.
Sie bindet Saucen und macht Teig fein.

Getreide-ABC

Amaranth

ist wie Qinoa ein ganz altes Getreide und kommt aus den südamerikanischen Anden. Man bekommt es im Naturkostladen, Reformhaus oder in Dritte-Welt-Geschäften. Beide lassen sich kochen, aber auch in der Pfanne poppen.

Buchweizen

hat kleine, rechteckige Körner und gehört zu den Knöterichgewächsen. Aus dem Mehl werden die russischen Blinis, kleine Pfannkuchen, gemacht. Trocken in der Pfanne geröstet schmecken die ganzen Körner wie Nusskrokant.

Dinkel/Grünkern

ist eine alte Getreidesorte und ähnelt dem Weizen. Er eignet sich vor allem für den Bio-Anbau. Grünkern ist unreif, also grün geernteter und gerösteter (gedarrter) Dinkel und hat ein leichtes Räucheraroma.

Gerste

ist das älteste Getreide und war schon zur Steinzeit bekannt. Aus Gerste wird das Malz zum Bierbrauen hergestellt. Rund geschliffene Gerstenkörner sind Graupen, die kleinen sind Perlgraupen. Ideal für Grütze und Suppe!

Hafer

ist das Getreide mit dem höchsten Fettgehalt und mit Substanzen, die gute Stimmung machen – prima fürs Frühstück! Er ist so weich, dass du ihn selber zu Flocken pressen kannst. Schmeckt gekocht auch als Brei, der heißt in England Porridge (sprich: »porridsch«).

Hirse

war in Europa im Mittelalter das wichtigste Getreide – heute noch in Afrika. Der süße Brei im Märchen war sicher Hirsebrei. Gekocht wird Hirse wie Couscous (› 63), braucht aber doppelt so lange zum Garen.

Mais

wird frisch als → Gemüse gegessen. Getrocknet wird er zu Grieß gemahlen und heißt in Italien Polenta, in Österreich und Osteuropa Kukuruz. Aus dem Maiskeim wird Öl gemacht, aus dem Inneren Speisestärke. Corn Flakes sind aus Mais.

Roggen

spielt in Deutschland eine große Rolle als Brotgetreide. Er ist robuster als Weizen, schmeckt herzhafter und enthält viel Fluor für gesunde Zähne und Eisen für die roten Blutkörperchen.

Weizen

gibt es als Hart- und als Weichweizen. Hartweizen ist Grundlage für –›Nudeln, Bulgur und Couscous, Weichweizen für Grieß und Gebäck. Weizen ist das wichtigste Brotgetreide der Welt.

Polenta wird aus Maisgrieß (der heißt auch Polenta) gekocht. Du kannst sie mit mehr Flüssigkeit als im Rezept zu weichem Brei kochen. Oder man sticht aus dem festen Brei Klößchen ab. Am besten aber schmeckt sie als Schnitte aus der Pfanne.

Zutaten für 4 Kinder:

600 ml Wasser

1 TL Salz

200 g Maisgrieß

2–3 EL Butter oder Butterschmalz

Polentaschnitten

> Das Wasser mit dem Salz in einer tiefen, beschichteten Pfanne zum Kochen bringen, Maisgrieß unter ständigem Rühren einrieseln lassen. Kochen lassen, bis die Polenta dick ist, dabei immer weiterrühren **(Bild 1 und 2)**.

> Polenta in der Pfanne glatt streichen und etwa 30 Min. kalt werden lassen. Dann den Polentakuchen in Viertel stechen (auf einer beschichteten Pfanne nicht schneiden!) und jedes Viertel auf ein Brettchen heben. In Schnitten teilen.

> Die Pfanne säubern. 1 EL Fett darin erhitzen und die Schnitten nacheinander von beiden Seiten bei mittlerer Hitze braun braten **(Bild 3)**. Wenn das Fett verbraucht ist, wieder Fett dazugeben. Dazu passt Tomatensauce (› 64).

1 ›

Während das Wasser in der Pfanne kocht, den Polentagrieß einrieseln lassen. Immer rühren, denn er klumpt schnell.

‹ 2

Wenn die Polenta so zusammenklumpt, kannst du sie glatt streichen. Solange sie heiß ist, klappt das gut.

3 ›

Erst wenn die Polenta ganz erkaltet ist, lässt sie sich leicht in Schnitten teilen und hält zusammen. Danach kannst du sie backen – wie du oben siehst.

Andere Getreide kochen

Couscous ist eine schnelle Beilage. Er kommt aus Nordafrika, ist vorbehandelt und klumpt deshalb nicht. In Afrika wird er im Sieb über dem Schmorgericht gegart.
Für 4 Kinder kochst du 250 g Couscousgrieß in 1/2 l Brühe (› 42) auf und lässt ihn 10 Min. bei ganz schwacher Hitze quellen.
Amaranth und **Quinoa** werden auf dieselbe Art gekocht. Bulgur hat einen nussigen Geschmack und ist in 15 Min. fertig gegart.

Popcorn

Wenn getrocknete Maiskörner in einer Pfanne erhitzt werden, quillt das Innere, sprengt die Schale, bläst sich auf und erstarrt. Ähnlich kann man Reis oder Amaranth poppen. Wichtig: Immer den Deckel darauf halten, sonst regnet's Körner ...

Eine weiße Sauce heißt in der Küchensprache Béchamelsauce. Sie eignet sich besonders für vegetarische Gerichte, weil man für sie keinen Bratensaft braucht.

Zutaten für 4 Kinder:

2 EL Butter
2 gehäufte EL Mehl
1/4 l kalte Brühe (› 42)
1/4 l Milch
1 Lorbeerblatt
1 TL Salz
frisch gemahlener Pfeffer
Muskatnuss
Zitronensaft
1 Schuss Sahne

‹ 1

Mehl in Butter gelblich dünsten, dabei immer mit einem kleinen Schneebesen rühren, damit's keine Klumpen gibt.

2 ›

Abseits vom Herd kommen Brühe und Mehl dazu – gut rühren!

‹ 3

Die Sauce würzen und 15 Min. köcheln lassen, sonst schmeckt sie mehlig. Wenn es Klümpchen gibt, die Sauce durch ein Sieb gießen.

Béchamelsauce

› Die Butter in einem kleinen Topf zerlassen. Das Mehl mit einem kleinen Schneebesen einrühren und bei mittlerer Hitze dünsten, bis das Mehl gelblich wird **(Bild 1)**.

› Den Topf vom Herd ziehen (das ist wichtig, sonst klumpt die Sauce) und die kalte Brühe auf einmal dazugießen, dabei mit dem Schneebesen schlagen. Dann die Milch unterschlagen **(Bild 2)**. Den Topf wieder auf den Herd stellen.

› Alle Gewürze dazugeben und die Sauce bei schwacher Hitze unter Rühren zum Kochen bringen und 15 Min. köcheln lassen **(Bild 3)**. Mit 1 Spritzer Zitronensaft und Sahne abschmecken.

SO SCHMECKT'S AUCH:

› Käsesauce: 80 g Reibekäse oder zerbröckelten Weichkäse ohne Rinde
› Kräutersauce: 4 EL gehackte Kräuter
› Schnittlauchsauce: 1 Bund Schnittlauch in Röllchen schneiden
› Nusssauce: 3 EL gehackte, angeröstete Walnüsse
› Senfsauce: 2 EL Senf
› Cremige Tomatensauce: 3 EL Tomatenmark

Tomatensauce

2 EL weiche Butter und 2 EL Mehl in einer Schale mit einer Gabel glatt verkneten. 400 ml Tomatensaft in einen hohen Topf geben. Bei mittlerer Hitze erwärmen und 2 EL Tomatenmark untermischen. Die Mehlbutter in kleinen Flöckchen in den Tomatensaft geben. So lange rühren, bis der Saft kocht und die Mehlbutter sich völlig aufgelöst hat. Mit Salz, Pfeffer, Zucker und 1 Spritzer Sojasauce abschmecken. 4 EL Schlagsahne oder flüssige Sahne kurz vor dem Servieren unter die Tomatensauce ziehen.

Am besten schmeckt die Pizza frisch – und wenn sie so klein ist, aus der Hand.

Zutaten für 4 kleine Pizzen:

Für den Teig:

300 g Weizenmehl

1 Päckchen Trockenhefe

1 TL Salz

150 ml lauwarmes Wasser

1 Tropfen Honig oder 1 Prise Zucker

Für den Belag:

Schinken, Salami, Paprikawürfel, Zucchini und Pilze nach Wunsch

2 Kugeln Mozzarella (à 125 g)

200 g Tomatenstückchen (Dose)

2 EL Tomatenmark

1–2 EL Olivenöl

Mehl zum Arbeiten

Backpapier für das Blech

Pizza

> Für den Teig das Mehl mit der Trockenhefe und Salz mischen. Das Wasser und den Honig oder Zucker dazugeben. Dabei mit den Knethaken des Handrührgerätes den Teig kneten, bis er nicht mehr klebt **(Bild 1)**. Mit bemehlten Händen noch einmal durchkneten **(Bild 2)**, in eine Schüssel legen, mit Mehl bestäuben und gehen lassen – an einem warmen Ort **(Bild 3)**. Gegen Zugluft mit einem Tuch abdecken.

> In der Zwischenzeit den Belag vorbereiten. Gemüse und Aufschnitt zurechtschneiden. Mozzarella in Würfel schneiden.

> Nach 30 Min.–1 Std. ist der Teig gegangen: Er sollte knapp doppelt so hoch sein wie vorher. Dann den Backofen auf 220° vorheizen. Den Teig noch einmal durchkneten, in vier Portionen teilen und Pizzen formen.

> Backblech mit Backpapier auslegen, die Pizzen darauf legen und von innen nach außen einen wulstigen Rand drücken. Mit Tomatenmark und -stückchen belegen. Nach Wunsch belegen, Mozzarellastückchen darauf streuen **(Bild 4)**. Das Blech in den Backofen (unten) schieben. Etwa 15 Min. (Umluft 200°) backen und mit dem Öl beträufeln.

1 ›

Die Zutaten für den Teig erst mit den Knethaken verrühren.

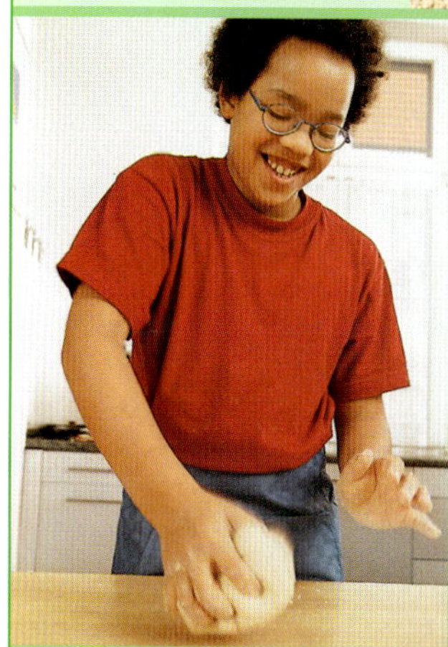

‹ 2

Den Teig zu einer Kugel formen und mit den Händen gut durchkneten.

3 ›

Dann muss der Teig an einem warmen Ort ruhen. Dabei wird er doppelt so groß.

‹ 4

Die Teigfladen nach Geschmack und Vorräten direkt auf dem Blech belegen.

G wie Gewürze

Die Pfeffersäcke

So hießen früher die reichen Kaufleute, denn ihr Vermögen machten sie zum großen Teil mit Gewürzen aus Asien, Afrika und Südamerika. Was in Kalkutta einen Dukaten kostete, war in Venedig 100 und in Hamburg 300 Dukaten wert. Pfeffer wurde in Gold aufgewogen, ein Pfund Safran kostete ein Pferd, ein Pfund Ingwer ein Schaf, zwei Pfund Muskat oder Nelken eine Kuh! Die Städte – und die Kaufleute – wurden dabei reich.

Senf: von scharf bis süß

Die Senfkörner sind gelb oder braun. Im 13. Jahrhundert hatte in Frankreich nur die Stadt Dijon das Recht, Senf herzustellen – bis heute nennt man den mittelscharfen bis scharfen Senf so. 200 Jahre später ernannte ein Papst seinen Neffen zum Groß-Senfmeister – so wichtig war das Gewürz. In England ist es üblich, sich selber Senf aus Pulver anzurühren. Bei uns gibt es den Senf, fertig mit Essig und Salz abgeschmeckt, im Glas. Die Mischung von scharfen und milden Körnern macht den Unterschied aus. Es gibt auch Körnersenf aus grob gemahlenen Körnern. Der süße bayrische Senf wird mit Zucker gekocht. Ein anderes Wort für Senf ist Mostrich.

Gewürzmischungen

Currypulver
Im fertig gemixten Curry sind meist Kurkuma, Kreuzkümmel, Chili, Pfeffer, Koriander, Nelken, Muskat, Piment, Senf, Zimt, Ingwer.

Lebkuchengewürze
Zimt, Nelken, Ingwer, Kardamom, Muskatblüte, Piment, Anis und Koriander gehören in Lebkuchen, Spekulatius oder Honigkuchen.

Flüssige Speisewürze (wie Maggi)
Julius Maggi entdeckte, wie man aus eiweißreichem tierischem oder pflanzlichem Material eine Würze herstellt. Sie enthält immer auch Salz und Glutamat (› 67) und man kann sich ganz schön an sie gewöhnen.

Sojasauce
Sie wird aus Sojabohnen, Weizen, Wasser und Salz gebraut. Damit lassen sich viele Gerichte toll abschmecken.

Tabasco
Die orangerote Essenz wird aus Chilischoten hergestellt und ist höllisch scharf: Ein Tropfen genügt schon.

Worcestersauce
(engl., sprich: »Wuustersosse«) Sie kommt aus England, enthält fast alle Gewürze des ABC sowie Essig, Sherry und Soja und muss jahrelang im Fass reifen. Ein paar Tropfen an Ragouts oder Suppen – schon schmecken sie pikant.

Ingwer und Knoblauch

Die Knoblauchknolle besteht aus vielen kleinen Zehen. Es gibt Knoblauch als Pulver, getrocknet, als Essenz oder als Öl. Er ist sehr gesund. Die einzelne Zehe lässt sich einfach mit einem dünnen scharfen Messer schälen.

Die Zehe auf einem Brettchen hacken oder wiegen. Oder durch eine Knoblauchpresse drücken. Nachher waschen nicht vergessen! Bei manchen Gerichten kannst du die ganze Zehe mitkochen und nachher entfernen – sie knofelt dann nur ganz mild.

Ingwer schmeckt süßlich, pikant und prickelnd scharf. Frische Knollen schälen. Anschließend mit einer Kronenreibe (die mit den vielen kleinen Zacken) reiben. So lassen sich die faserigen Teile des Ingwers am einfachsten entfernen. Je älter der Ingwer ist, desto faseriger ist er.

Mörser und Stößel

Der Mörser ist eine kompakte Schale aus Stein, Marmor oder Messing. Der Stößel ist ein rund endender, dicker kurzer Stab, der in den Mörser passt und aus ähnlich hartem Material ist. Im Mörser werden Gewürze zerkleinert, gemahlen oder nur »angestoßen«.

Vanillezucker selber machen

In den kleinen Tütchen ist Vanillinzucker oder Vanillepulver. Vanillin ist der künstlich hergestellte typische Aromastoff von Vanilleschoten, Vanille ist das echte. Ganz einfach kannst du Vanillezucker selber machen: Stecke 1 Vanilleschote in ein Schraubglas, fülle es mit Zucker und lass ihn 3 Wochen ziehen – ab und zu schütteln. Danach hast du feinen Vanilllezucker, den du nicht mehr mischen musst.

Abschmecken

Die richtige Gewürzdosis zu finden, ist eine Kunst. Deshalb findest du bei den Rezepten immer eine genaue Angabe. Probiers trotzdem vor dem Servieren. Am besten mit dem Kochlöffel etwas auf einen Probierlöffel geben. Denn mit dem Löffel, den du in den Mund steckst, wieder etwas aus dem Topf zu nehmen, ist nicht so hygienisch. Schmeckt es langweilig, noch etwas von den verwendeten Gewürzen dazugeben. Hast du zu viel davon erwischt, mit etwas Wasser, Milch oder Sahne verlängern.

Gewürz-Lexikon

Frisch mahlen?
Wird erst beim Würzen Pfeffer in der Mühle gemahlen oder Muskat auf der Reibe gerieben, sind sie besonders aromatisch. Denn im ungemahlenen Gewürz sind die empfindlichen Aromastoffe besser geschützt.

Geschmacksverstärker
Es gibt Eiweißstoffe, die nach nichts schmecken, aber den Geschmack anderer Lebensmittel verstärken oder verändern. Der bekannteste ist Glutamat. Es findet sich in Streuwürzen, flüssiger Speisewürze, Instant-Suppen und den meisten Fertiggerichten. Oft wird es in der China-Küche verwendet. Es gibt Menschen, die darauf allergisch reagieren.

Gewürze aufbewahren
Gewürze möglichst dunkel, kühl und trocken aufbewahren. Also nicht in helle Gläser füllen! Gewürze können nicht schlecht werden, aber mit der Zeit wird ihre Würzkraft schwächer. Deshalb lieber kleine Mengen kaufen, die innerhalb eines Jahres verbraucht werden können.

Kolonialwaren
Das war der Name für alles, was nicht im Lande wuchs und man nicht selber herstellte: Mandeln und Rosinen, Gewürze und Schokolade, Kakao und Kaffee und schwarzer Tee. Diese Dinge kamen aus den Kolonien in Indonesien, Indien, Mexiko, Kuba oder Brasilien. Mit der Zeit wurde der Kolonialwarenladen ein Lebensmittelgeschäft, in dem es fast alles gab – so ein Tante-Emma-Laden. Und dann starb er aus ...

Gewürz ABC

Gewürz kommt von Würzen und Würzen kommt von »Wurt« und das hieß im Mittelalter »Pflanze«. Aber was gehört zum Gewürz? In erster Linie getrocknete Pflanzenteile, die sehr scharf, aromatisch – eben würzig sind. Dazu Würzmischungen und -saucen. Und zwei frische Gewürze: Knoblauch und Ingwer. →Kräuter und →Salz findest du extra.

Anis/Sternanis

Anissamen kommen aus dem Mittelmeerraum, Sternanis (Samenhülsen mit Samen) aus China. Sie schmecken ein wenig nach Fenchel. Beide werden gemahlen in der Weihnachtsbäckerei verwendet.

Chili

Grüne Chilischoten sind unreif, rote reif. Chilis gibt es frisch, getrocknet und eingelegt. Gemahlen ergeben sie feurigen Cayennepfeffer. Kerne und Zwischenwände nicht mit Nase oder Augen in Berührung bringen!

Lorbeer

Kränze aus Lorbeer krönten in der Antike Götter, Kaiser und Sieger. Der Lorbeerbusch wächst am Mittelmeer, die Blätter werden frisch oder getrocknet für Marinaden und Fleischgerichte verwendet – nicht mitessen.

Muskatnuss / Macis

Die Muskatnuss ist der ölhaltige Fruchtkern des Muskatbaumes und wird umhüllt von Macis (Muskatblüte). Muskat wird auf einer Muskatreibe gerieben. Es gibt ihn auch fertig gemahlen. Macis ist zarter.

Pfeffer

Schwarze Pfefferkörner sind unreife, getrocknete Pfefferbeeren. In Salzlake eingelegt oder gefriergetrocknet, bleiben sie grün. Für weißen Pfeffer werden reife Beeren geschält und getrocknet. Rosa/roter Pfeffer ist gar keiner, sieht nur schön aus und reizt den Magen.

Safran

Safran sind die getrockneten Narben einer Krokusblüte. Er wird in Fäden oder gemahlen verkauft. Man muss ihn immer erst in warmem Wasser auflösen. Safran hat ein zartes Aroma und färbt die Speisen gelb: »Safran macht den Kuchen geel«.

Kreuzkümmel

Kreuzkümmel sieht Kümmel ähnlich, schmeckt aber völlig anders, exotisch-frisch, intensiv und lässt sich gut mit anderen Gewürzen mischen. Verwendet wird er ganz oder gemahlen.
Er gehört in viele Currys und einige Käse-Spezialitäten.

Kümmel

Kümmel, ein einheimisches Gewürz, wird gemahlen oder als ganze Samen verwendet. Das magenfreundliche intensive Gewürz macht Bauernbrot, Kohl, Pellkartoffeln, Schweinebraten und Käse bekömmlich.

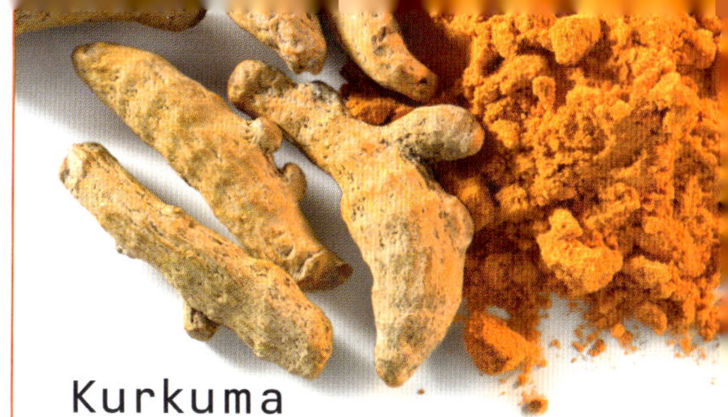

Kurkuma

Kurkuma heißt Gelbwurz und ist mit dem Ingwer verwandt. Er wird getrocknet zu Pulver vermahlen und färbt das Currypulver gelb. Sein Geschmack ist herb-säuerlich, aber so mild, dass man beim Würzen großzügig sein kann.

Nelken

Nelken sind die getrockneten Blütenknospen des Nelkenbaumes.
Sie würzen intensiv:
Es reicht, 1–2 Nelken in Rotkraut oder Bratensaft mitzukochen. Gemahlen stecken sie in Lebkuchengewürz. Als Pomander werden sie auf Zitrusfrüchte gesteckt.

Piment

Die Körner sind die getrockneten Beeren des Pimentbaumes.
Es gibt ihn ganz oder gemahlen zu kaufen.
Er schmeckt nach Nelken, Zimt, Pfeffer und Muskat.
Piment würzt Gebäck, Suppen, Saucen, Fleischgerichte.

Paprikapulver

Die Schoten werden getrocknet und gemahlen. Das rote edelsüße Paprikapulver ist aromatisch-mild, mit ihm kann man reichlich würzen und blasse Gerichte aufpeppen. Rosen-Paprika ist dagegen bräunlich und scharf.

Vanille

Die Vanille»schote« ist die Fruchtkapsel einer Orchidee und kommt aus den Tropen.
Man verwendet die ganze Schote oder das herausgekratzte Mark. Vanille duftet zart und ist sehr aromatisch, sie passt zu allem → Süßen.

Wacholderbeeren

Sie sind eigentlich kleine Zapfen, denn der Wacholder ist ein Nadelholz. Schon die Germanen sagten ihm magische Wirkung nach. Die getrockneten Beeren würzen Sauerkraut und Wildgerichte und werden nicht mitgegessen.

Zimt

Zimt ist die Rinde vom Zimtbaum und kommt aus Asien. Er schmeckt süßlich-feurig und passt zu → Süßem, gehört zur Weihnachtsbäckerei und wird als Zimtzucker benutzt.
Im Orient würzt er auch herzhafte Speisen.

G wie Gurke

Gurke ist eigentlich Fast Food: Sie ist in ihrer Schale gut und frisch verpackt. Man bekommt sie das ganze Jahr über, denn sie wird im Gewächshaus gezogen. Eigentlich schmeckt sie nach nichts, das aber knackig. Sie ist international. Aus diesen Gründen ist sie der Hit!

Saure-Gurken-Zeit?

Nichts gegen saure Gurken! Im Jiddischen, der Sprache der in Osteuropa lebenden Juden, heißt »Zohro joker« schweres Unglück und wurde für geschäftliche Flauten benutzt. Die Berliner machten daraus »Saure Jurken« – und dieser Ausdruck blieb.

Kann man Gurken kochen?

Salatgurken eignen sich nicht so gut zum Kochen – sie enthalten zu viel Wasser. Freilandgurken sind viel fester. Sie lassen sich wie Zucchini dünsten und heißen dann »Rutschegurken«.

Mit oder ohne?

Gurken werden oft in Folie eingeschweißt verkauft. Wasche sie trotzdem. Zum roh Essen kannst du die Schale dranlassen – denn das beste ist ja direkt darin und darunter. Aber wenn sie sehr dick ist und für Salat oder Tsatsiki (› 85) solltest du sie schälen.

Gurke und Dill

Sie sind das ideale Paar. Gurkensalat und -gemüse wird durch Dill top. Essiggurken werden mit Dillblüten eingemacht.

Gurken-Lexikon

Eingemachte Gurken

Essiggurken werden mit einem kochenden Sud aus Essig, Wasser und Gewürzen wie Senf- und Pfefferkörnern, Lorbeer und Dillblüten eingelegt. Die kleinsten dieser Art heißen Cornichons (frz., sprich: »Kornischongs«).

Senfgurken sind größere Gurken, die geschält und vom weichen, kernigen Inneren befreit sind. Sie werden gewürfelt und mit Senfkörnern und anderen Gewürzen samt Essig und Zucker süßsauer eingelegt.

Salzgurken werden mit Dill und anderen Gewürzen leicht eingesalzen und gären dann wie Sauerkraut. Sie sind meist etwas dicker.

Gurken aufbewahren

Sie gehören nicht in den Kühlschrank, dort verlieren sie ihre Festigkeit, werden glasig und welk. Am besten sind sie bei 12° aufgehoben – also an einem kühlen Ort. Lege sie nicht neben Tomaten oder Äpfel – die geben Äthylen (› 7) ab und lassen die Gurke schnell alt aussehen.

Zutaten für 4 Kinder:

1 Salatgurke

2–3 Zweige Dill oder

1 TL getrocknete Dillspitzen

2 EL Weißweinessig

1/2 TL Kräutersalz

weißer Pfeffer

1 Prise Zucker

3 EL Rapsöl

‹1

Schälen geht am besten mit einem Schälmesser. Stütze die Gurkenspitze aufs Brett wie Jelena. Fasse unter die Gurke und ziehe das Schälmesser vom Gurkenende zu dir hin.

2›

Bei einem Gurkenhobel kannst du meist zwischen zwei Dicken wählen. Vorsicht am Ende – lieber den Rest knabbern als die Finger mithobeln!

Gurkensalat

> Gurke waschen und schälen. Ein Ende abschneiden und die Gurke in Scheiben hobeln **(Bild 1 und 2)**.

> Den Dill waschen und trockenschütteln. Die Spitzen abzupfen und mit dem Wiegemesser hacken oder einem scharfen Messer fein schneiden. Aus Essig, Gewürzen und Öl eine Vinaigrette rühren (› 123) und erst kurz vor dem Essen unter die Gurken mischen.

Der Hit für die Geburtstagsparty. Das Besteck sind die Finger!

‹1

Das Gerät, das du hier siehst, heißt Zeseliermesser. Mit ihm kann man feine Streifen Schale abziehen. Lege die Gurke flach auf den Tisch, denn das Ziseliermesser muss stark aufgedrückt werden.

2›

Jetzt kannst du Gurkenrädchen abschneiden.

Gurkenschlange

> Das ist fast gar kein Rezept. Du brauchst nur 1 Schlangengurke – so heißen Salatgurken nämlich auch. Wie du die vorbereitest, siehst du auf **Bild 1 und 2**. Dazu jeweils 3 Scheiben Leberkäse und Butterkäse, etwa 4 mm dick. Natürlich kannst du auch Fleischwurst und Gouda nehmen. Die stichst du mit einem Keksausstecher so rund aus wie die Gurkenscheiben. Je 1 Scheibe einer gefüllten Olive als Augen auf den Gurkenrest legen. 1 Stück Paprika für die Zunge zuschneiden und in einen Schlitz vorne stecken.

H wie Hülsenfrüchte

So heißen die getrockneten Samen der Hülsenfrüchtler – denn sie liegen in länglichen Hülsen und lassen sich jahrelang aufbewahren – ohne Kühlung. Hülsenfrüchte bestehen zu einem Viertel aus Eiweiß, enthalten wenig Fett und viele Mineralstoffe. Manche Hülsenfrüchte werden noch unreif geerntet und gegessen wie → Erbsen und grüne Bohnen. Sie werden dann zum → Gemüse gerechnet.

Hülsenfrüchte-Stern

Es gibt ganz viele Sorten von Hülsenfrüchten; auf dem Bild sieht du eine kleine Auswahl: Der dunkle Strahl links sind schwarze Bohnen. Im Uhrzeigersinn weiter: gelbe Linsen, rote geschälte Linsen, Kichererbsen, Puylinsen, gelbe Erbsen, grüne Erbsen, weiße Bohnen, Kidney- oder rote Bohnen, Sojabohnen, Mungobohnen, Wachtelbohnen, Erdnüsse und braune Tellerlinsen.

Jedes Böhnchen gibt ein Tönchen

Wer eine deftige Bohnensuppe gegessen hat, der wird garantiert einige Stunden später tüchtig pupsen. Denn Hülsenfrüchte haben sehr viel Ballaststoffe, die nicht verwertet werden, sondern die Bakterien im Darm »explodieren« lassen. Das ist gesund, aber manchmal gibt es auch Blähungs-Bauchweh. Dagegen helfen –> Gewürze wie Bohnenkraut, Kümmel, Kreuzkümmel, Koriander, Anis, Knoblauch und ein bisschen Säure.

Hülsenfrüchte-Lexikon

Erdnüsse: keine Nüsse

Sie haben eine Schote wie Bohnen. Im Gegensatz zu den übrigen Hülsenfrüchten enthalten sie aber mehr Fett und sind ziemlich weich.

Kichererbse Cicero

Die Familie des berühmten römischen Redners hatte ein Landgut (die Tullii Cicerones), auf dem Kichererbsen angebaut wurden – danach hießen sie »Cicer arietum« – das wurde im Deutschen zu Kichererbsen. Du bekommt also durch die gelben Kugeln keinen Lachanfall! Gekocht und geröstet schmecken sie wie Nüsse.

Soja: die Wunderbohne

Aus Sojabohnen wird beinahe alles gemacht. Erfunden haben das die Chinesen. Die heutige Lebensmittelindustrie verwendet Soja für Milch- und Fleischersatz. Das ist für Milch-Allergiker gut, aber mittlerweile gibt es auch Allergien gegen Soja. In vielen Fertigprodukten, vor allem in Gebäck, sind Sojaprodukte als Zusatz enthalten.
Und das wird aus Soja gemacht: Sojasprossen, Sojamehl, Tofu, Brotaufstriche, Würstchen und Frikadellen, Sojasauce, Suppenextrakt (Miso), Sojagetränke, Sojaöl.

Für Speckbohnen kannst du auch Bohnen aus der Dose nehmen. Dann den Speck vorher knusprig braten, um die Bohnen wickeln und nur noch zusammen erhitzen.

Speckbohnen

Zutaten für 4 Kinder:

500 g frische grüne Bohnen (am besten Buschbohnen)
8 dünne Scheiben durchwachsener Speck
1 TL Butterschmalz
1 TL Salz, Pfeffer
Spießchen für die Bündel

> Die Bohnen waschen. Stiele und stumpfe Enden knapp abknipsen, dabei die Fäden abziehen, wenn welche vorhanden sind (das merkst du). Die Bohnen in Bündel teilen und jedes mit 1/2 Speckscheibe umwickeln. Die am besten mit einem Rouladenspieß oder Holzspießchen zusammenstecken.

> Das Butterschmalz in einem großen flachen Topf erhitzen. Die Bündel darin auf ihrer Speckseite rundherum im Fett anbraten. Dann salzen und pfeffern und bei schwacher Hitze etwa 20 Min. schmoren. Wenn die Flüssigkeit verdampft ist, einige EL Wasser oder Brühe dazugeben. Die Bündel einmal wenden.

> Sind die Bohnen gar, zu Brat- oder Ofenkartoffeln (› 79) essen.

Rote Linsensuppe

Zutaten für 4 Kinder:

1 Bund Suppengrün
1 EL Butter oder Öl
1 l Gemüsebrühe (aus Instantbrühe › 42)
250 g rote Linsen
1–2 TL Currypulver
2–3 gekochte Kartoffeln
2 Cabanossi (etwa 200 g)
1–2 EL Zitronensaft
1–2 Prisen Salz
gehackte Petersilie

> Das Suppengrün waschen. Sellerie und Möhre schälen und in kleine Würfel schneiden. Lauch putzen und in Ringe schneiden. Das Gemüse in einem Suppentopf im Fett andünsten.

> Wenn es beginnt zu bräunen, die Brühe dazugießen und aufkochen lassen. Dann die Linsen und das Currypulver dazugeben. Den Deckel drauflegen und die Suppe 10 Min. leicht kochen lassen.

> Die Kartoffeln schälen und in Würfel schneiden. Die Cabanossi in Scheiben schneiden. Beides in die Suppe geben und heiß werden, aber nicht mehr kochen lassen. Mit Zitronensaft, Curry und Salz abschmecken, mit Petersilie garnieren.

J wie Joghurt

Joghurt ist ein türkisches Wort. In den Bergen zwischen der Türkei und Persien wurde die Methode erfunden, Milch ohne Kühlschrank haltbar zu machen – durch eine spezielle Art der Säuerung. Für umherziehende Hirtenvölker, die Nomaden, war das sehr praktisch. Die Mongolen, die mit Dschingis Khan bis nach Wien kamen, brachten den Joghurt mit.

Wie Joghurt entsteht

Wenn man Milch mit speziellen Bakterien »impft« und sie etwas wärmt, dann vermehren sich die Bakterien und verarbeiten dabei Milchzucker (Lactose) zu Milchsäure. Durch dieses Säuern gerinnt das Eiweiß: Der Joghurt wird dick. Cremiger Joghurt wird vor dem Abfüllen in Becher noch gerührt.

Joghurt selber machen

Am einfachsten ist das mit einer Joghurtmaschine – die sorgt für die richtige Temperatur von 42°. Aber es geht auch so:

> 1 l H-Milch erhitzen, bis sie fast kocht – sie darf nicht sprudeln. Etwa 10 Min. abkühlen lassen (du kannst mit dem sauberen Badethermometer messen, ob sie etwa 50° hat).

> 1 Becher Naturjoghurt dazugeben und gut verrühren.

> Diese Mischung in Thermosflaschen füllen und über Nacht stehen lassen. Oder in eine Schüssel geben, mit Alufolie abdecken und in den auf 50° vorgeheizten Backofen geben. Nach 30 Min. den Ofen ausschalten und den Joghurt im geschlossenen Ofen 8 Std. stehen lassen.

Joghurt-Lexikon

Nährstoffe

Joghurt enthält alle Nährstoffe der → Milch. Der Milchzucker wird zum Teil von den Joghurtbakterien zu Milchsäure abgebaut – deshalb ist er für manche besser verträglich.

Probiotisch?

Das heißt: gesundheitsfördernd. Forscher züchten immerzu neue Kulturen und testen ihre Wirkung. Bestimmte Joghurtkulturen tun unserem Darm besonders gut: LC1 (Lactobazillus acidophilus 1), LGG (L. Goldin und Gorbach) und LA7 (L. acidophilus 7).

Rechts/linksdrehende Milchsäure

Der Name kommt von komplizierten chemischen Untersuchungen im Labor: Rechtsdrehende Milchsäure dreht einen Lichtstrahl rechts herum, linksdrehende links. Unser Körper kann rechtsdrehende Milchsäure am besten verwerten.

Zusatzstoffe

Fruchtige und sehr fettarme Joghurts enthalten oft eine Menge Zusatzstoffe, von Aromen über Stabilisatoren bis zu Farbstoffen. Am besten, du suchst dir einen aus mit wenig Zusatzstoffen. Oder misch dir selber einen aus Naturjoghurt, → Süße und Obst.

Dips (das Wort kommt vom englischen dip = eintauchen) sind schnell gerührt und machen Spaß. Probiere aus, was dir gut schmeckt. Links siehst du den Joghurt-Knoblauch-Dip, rechts den Walnuss-Dip.

Joghurt-Knoblauch-Dip

Zutaten für 4 Kinder:

150 g Naturjoghurt (3,5 % Fett)
2 EL Crème fraîche
1/4 TL Salz
Pfeffer aus der Mühle
1 Knoblauchzehe
rohes Knabbergemüse (geputzt etwa 500 g)
Grissini oder Brotstreifen

> Den Joghurt mit Crème fraîche, Salz und Pfeffer verrühren, bis er glatt ist. Nimm nicht die Rührmaschine, dann wird der Dip zu dünn! Den Knoblauch schälen und durch die Presse (› 67) in den Joghurt drücken, mit Salz und Pfeffer abschmecken.

> Zum Dippen rohes Gemüse wie Gurke, Paprika, Möhre, Kirschtomaten, Radieschen oder Staudensellerie waschen, putzen und in mundgerechte Stücke teilen. Also Gurke und Kohlrabi in Scheiben, Möhre und Staudensellerie in lange Sticks schneiden.

> Richtig dippen will gelernt sein: Was angebissen ist, nie nochmals in die Creme eintunken – das wäre unhöflich und unhygienisch. Lieber kleine Stücke schneiden und Holzspießchen nehmen.

Süßer Joghurt-Walnuss-Dip

Zutaten für 4 Kinder:

150 g Naturjoghurt (3,5 % Fett)
2 EL Crème double oder Sahnequark
2–3 EL gehackte Walnüsse
2–3 EL flüssiger Honig oder Agavendicksaft (› 139)
rohes Obst (geputzt ca. 500 g)
Waffeln oder Löffelbiskuit

> Joghurt, Crème double, Nüsse und Honig verrühren, bis sich der Honig gelöst hat. Vielleicht noch mit ein wenig Honig abschmecken.

> Das Obst in mundgerechte Stücke teilen. Obst und Waffeln oder Biskuits zum Dippen nehmen.

Extra
Der Dip schmeckt auch gut mit Vanillezucker oder Zimt. Du kannst statt Honig auch Konfitüre nehmen. Oder gleich einen Fruchtjoghurt.

Honig schmeckt toll im Joghurt, löst sich aber schlecht. Nimm deshalb eine flüssige Sorte und rühre ihn mit einigen Löffeln Fruchtsaft an, bevor er in den Joghurt kommt. Oder nimm Agavendicksaft.

K wie Kartoffeln

Pommes, Püree, Rösti, Knödel, Chips – alles Kartoffel. Auch wenn man es ihnen nicht auf den ersten Blick ansieht: Am Anfang waren alle diese Gerichte eine Knolle.

Sie gehört ebenso wie → Tomate und Paprika zu den Nachtschattengewächsen. Das heißt, sie legt erst im Dunkeln richtig los. Allerdings werden bei den »Erdäpfeln«, wie die Kartoffeln auch heißen, nur die unterirdischen Knollen gegessen. Die Blätter, die Blüten und die kleinen grünen Beeren, alles was überirdisch wächst, ist nicht essbar, ja sogar giftig. Die Beeren braucht der Züchter: Sie enthalten die Samen für die neuen Kartoffelpflanzen. Die Bauern dagegen pflanzen einfach Kartoffeln.

Kartoffeln selber ziehen

Was man dazu braucht? Natürlich Kartoffeln, ein kleines Beet oder eine Kiste mit Erde auf dem Balkon und mindestens drei Monate Geduld!

1. Ab April kannst du anfangen. Dein Saatgut sind ganz normale Kartoffeln mit möglichst vielen »Augen«. Die Erde sollte nicht zu fest, steinig oder lehmig sein – du kannst etwas Sand dazugeben, das mögen Kartoffeln.
2. Lass die Kartoffeln in einer flachen Kiste ein paar Tage draußen im Tageslicht stehen, bis sich weiße Keime entwickeln.
3. Hacke den Boden gut durch. Grabe für jede Knolle (mit 30 cm Abstand) ein etwa 10 cm tiefes Loch und setze sie hinein.
4. Wenn das Grün etwa 10 cm hoch ist, häufel die Erde rundherum so weit an, dass nur noch etwas Grün zu sehen ist. Und gieße nur, wenn es eine Woche nicht regnet. Nach etwa drei Monaten kannst du ernten.

Blaue Kartoffeln?

Die gibt's tatsächlich. Sie heißen Trüffelkartoffeln und sehen außen wie normale Kartoffeln aus. Innen sind sie dunkel violettblau. Das ist nur eine von 130 offiziell angemeldeten Kartoffelsorten. Es gibt große und kleine, krumme oder runde, mit dicker und dünner Schale, rötliche oder gelbliche. Sie sehen nicht nur unterschiedlich aus, sie schmecken auch verschieden und haben oft so hübsche Namen wie Sieglinde, Nicola, Désirée, Irmgard oder Bamberger Hörnchen.

Kartoffeln einkaufen

Kartoffeln werden nach ihren Kocheigenschaften eingeteilt: Fest kochende sind super für Salat, Bratkartoffeln aus rohen Kartoffeln oder Salzkartoffeln – sie sind fest und speckig. Vorwiegend fest kochende sind prima für Pellkartoffeln (› 78), Gratin, vorgekochte Bratkartoffeln (› 79), Ofenkartoffeln (› 79) und auch Salzkartoffeln oder Puffer. Sie sind etwas weicher und mehliger. Mehlig kochende Kartoffeln sind für Püree (› 78), Klöße und Puffer.

Wie sehen gute Kartoffeln aus?

Kartoffeln sollten prall sein und eine unverletzte Schale haben.

> Eine Kartoffel hat normalerweise mehrere Augen. Ist sie falsch oder zu lange gelagert gewesen, sprießen aus diesen Augen kleine Triebe, wie auf dem Bild. Die Knolle selbst verliert ihr Aroma.
> Grüne Stellen haben Licht bekommen und enthalten Solanin. Das ist giftig – wegschneiden!

Kartoffeln sind Ausländer

Eigentlich stammen sie aus Südamerika. Vor etwa 500 Jahren brachten die Spanier die ersten »Taratouphli« nach Europa. Hier war man zunächst sehr misstrauisch. In manchen Ländern hielt man sie wegen ihrer hübschen Blüten für eine Zierpflanze.

Dass die Kartoffeln dann doch das Lieblingsgericht der Deutschen werden konnten, verdanken wir dem preußischen König Friedrich dem Großen (als Zinnfigur links auf dem Bild). Er befahl vor etwa 250 Jahren seinen Untertanen, Kartoffeln zu pflanzen und zu essen, um Hungersnöte zu lindern. Er hatte Erfolg – für die Armen wurden Kartoffeln ein Grundnahrungsmittel. Denn jedes Kartoffelfeld macht fast doppelt so viele Menschen satt wie ein Getreidefeld – besonders wenn der Boden nicht so fruchtbar ist.

Kartoffel-Lexikon

Was in Kartoffeln drin ist
Sie enthalten fast alles, was unser Körper braucht:
... eine Menge Kohlenhydrate (› 5), die vor allem in der Kartoffelstärke stecken (aus ihr wird Speisestärke gemacht).
... wenig, aber sehr wertvolles Eiweiß (› 5). Wenn du Kartoffeln z.B. mit Ei kombinierst, erhälst du das beste Eiweiß überhaupt. Es bringt mehr Power als ein Steak.
... viele Vitamine, vor allem Vitamin C. Wenn du ein Gemüsemuffel bist, solltest du wenigstens viele Kartoffeln essen.
... viele Mineralstoffe (› 5), vor allem Kalium und Magnesium.

Süßkartoffeln
Sie werden in den USA, in Südamerika oder Afrika viel gegessen. Sie sind eigentlich keine Kartoffeln, sondern Bataten und schmecken wirklich süß.

Speisefrühkartoffeln
Das sind früh reifende Kartoffeln, sie sind ab Juni auf dem Markt. Sie schmecken frisch und haben eine ganz dünne Schale.

Einkellerungskartoffeln
Das sind späte Sorten mit einer dicken Schale. Sie eignen sich gut zum Lagern an einem kühlen, dunklen Platz.

Rohe Kartoffeln
Sie tun gut auf der Haut bei Insektenstichen oder wenn du dich verbrannt hast. Schneide ein Stück von der rohen Kartoffel ab und lege es auf die schmerzende Stelle.

Kartoffelsaft
Ein Magenpflaster. Wenn du aufstoßen musst, nimm ein paar Löffel – und schon geht es dir besser. Du kannst ihn im Reformhaus kaufen oder raspele eine Kartoffel in ein Sieb und fange den Saft auf.

Kartoffeln kochen

Waschen
Das ist fast immer nötig, weil an den Kartoffeln meistens noch Erde haftet. Wenn du sie ungeschält verwenden musst, bürste sie dabei kräftig ab. Mit einem neutralen Topfreiniger geht bei Frühkartoffeln die Schale schon fast ab.

Schälen
Das geht am besten mit einem Sparschäler (gibt's auch für Linkshänder). Geschälte Kartoffeln sofort verarbeiten, damit nicht die Vitamine und Mineralstoffe verloren gehen.Viele legen sie in Wasser, damit sie nicht braun werden, aber das laugt sie aus.

Kochen
Kartoffeln dürfen nicht im Wasser schwimmen. Es reicht, den Topf eine Handbreit hoch mit Wasser zu füllen. Den Deckel auflegen, dann werden die oberen Knollen im Dampf gar.

Pellen
Je heißer die Kartoffeln sind, desto besser geht es. Ideal dafür ist die dreizackige Kartoffelgabel, die Zinken von normalen Gabeln zerteilen die Kartoffeln meist beim Aufpiecksen.

Schnellkochtopf
Er heißt auch Dampfdrucktopf, denn er kocht unter Druck. Ein Deckel mit Gummiring verschließt den Topf luftdicht. Dadurch erhöht sich die Temperatur von normalen 98° auf bis zu 120°. Ein Ventil zeigt an, wann der Druck ideal ist, dann musst du die Hitze kleiner stellen. So gart alles in Minutenschnelle, Kartoffeln bei Schonstufe 1 in etwa 5 Min. Bei Überdruck lässt das Ventil einfach etwas Dampf ab; explodieren kann der Topf nicht!

Pellkartoffeln

800 g vorwiegend fest kochende Kartoffeln waschen und abbürsten. In einen Topf mit einer Handbreit Wasser und 1 TL Salz geben. Mit Deckel bei mittlerer Hitze 20 Min. kochen.

Die Kartoffeln sind gar, wenn du sie mit einem Küchenmesser ganz leicht einstechen kannst.

Die Kartoffeln in ein Sieb angießen. Auf eine Kartoffelgabel pieksen und mit einem Küchenmesser die Schale abpellen. Die Pellkartoffeln kannst du nun als Beilage essen oder zu Püree, Bratkartoffeln oder Salat verarbeiten.

Kartoffelpüree

1/4 l Milch oder Buttermilch in einem mittelgroßen Topf erhitzen – aber nicht kochen lassen, sonst brennt sie an.

700 g heiße gepellte Kartoffeln durch die Kartoffelpresse in die heiße Milch drücken. Oder die gewürfelten Kartoffeln mit einem Stampfer in der Milch zerdrücken. Kartoffeln nicht pürieren – das gibt Kleister!

1 EL Butter, 1/2 TL Salz und 1 Prise geriebene Muskatnuss dazugeben, mit dem Schneebesen durchrühren – fertig.

Dünnschalige Frühkartoffeln schmecken vom Blech besonders gut.

Zutaten für 4 Kinder:

1 kg neue Kartoffeln (Speisefrühkartoffeln)

2 Zweige Rosmarin

5 EL Olivenöl

1 TL Salz

Backpapier für das Blech

Ofenkartoffeln

> Die Kartoffeln waschen und unter Wasser abschrubben. Abtropfen lassen und abtrocknen. Inzwischen ein Backblech mit Backpapier auslegen. Den Backofen auf 180° vorheizen.

> Die Kartoffeln längs halbieren und die Hälften nochmal längs durchschneiden. In eine Schüssel geben, Öl mit Salz darüber gießen und die Kartoffeln darin wenden. Dann auf dem Blech verteilen **(Bild 1)**. Rosmarin darüber streuen.

> In den Backofen (Mitte, Umluft 180°) schieben und 20 Min. backen. Die Kartoffeln schmecken supertoll mit Kräuterquark oder einem Joghurtdip (› 75)!

1 ›

Ganz kleine Kartoffeln kannst du auch im Ganzen auf dem Blech braten.

Bratkartoffeln

Zutaten für 4 Kinder:

700 g gekochte Pellkartoffeln (vorwiegend fest kochend)

3 EL Öl oder Butterschmalz

1/2 TL Salz

> Die Kartoffeln pellen und in etwa 1/2 cm dicke Scheiben schneiden **(Bild 1 und 2)**.

> Das Fett in einer beschichteten Pfanne erhitzen. Zur Probe 1 Kartoffelscheibe hineinlegen. Wenn sie zu brutzeln beginnt, ist das Fett heiß genug. Alle Kartoffeln in die Pfanne geben.

> Wenn das Fett zu spritzen beginnt, die Hitze herunterschalten. Werden die Kartoffeln unten braun, mit einem Bratenwender wenden.

> Nach etwa 15 Min. sind die Kartoffeln fertig. Du kannst sie salzen und servieren.

1 ›

Kartoffeln und Messer gut festhalten!

‹ 2

Zum Schneiden legst du die Kartoffeln am besten auf ein Brett.

K wie Käse

Die ältesten Bilder über Käseherstellung sind 3000 Jahre vor unserer Zeitrechnung in Mesopotamien entstanden. Danach gab's kein Halten mehr. Denn Käse war eine tolle Methode, Milch für einige Zeit haltbar zu machen. Man konnte sie transportieren, damit handeln, die Pacht bezahlen, Gäste bewirten.
In jedem Land entwickelten sich spezielle Sorten, in Deutschland gibt es über 100. Aber als das Käseland gilt Frankreich. Die meisten Käse werden aus Kuhmilch hergestellt. Aber es gibt immer mehr Käsesorten aus Ziegen- und Schafmilch.

Wie kommen die Löcher in den Käse?

Bei der Käseherstellung sind eine Menge Milchsäurebakterien und andere Kleinstlebewesen beteiligt. Sie produzieren Gase – sie pupsen sozusagen. Das bildet verschieden große Löcher im Käse.

So wird Käse hergestellt

1. Zuerst wird die Milch mit Lab oder Milchsäurebakterien zum Gerinnen gebracht. Das nennt man Dicklegen.
2. Die Milch heißt jetzt Dickete. Eine Käseharfe schneidet mit ihren Messern die Dickete zum Bruch. Der eiweißhaltige Teil der Milch klumpt zusammen und trennt sich vom wässrigen Teil der Molke.
3. Der Bruch wird von der Molke getrennt. Körniger Frischkäse ist jetzt fertig. Bei ihm bleiben die Bruchkörner erhalten. Quark und Frischkäse werden noch cremig gerührt oder geformt und sind auch fertig. Aus Quark hergestellt werden Sauermilchkäse und Kochkäse.
4. Für alle anderen Käsesorten geht's jetzt erst richtig los. Der Bruch wird geformt – zu Riesenlaiben oder kleinen. Danach wird noch Molke ausgepresst und die Käselaibe kommen ins Salzwasserbad.
5. Am Schluss muss der Käse reifen (1 Woche bis 4 Jahre) und bekommt dabei sein spezielles Aroma. Er wird dazu mit bestimmten Enzymen behandelt. Das sind Mischungen aus Hefen, Pilzen, Milchsäurebakterien. Die machen die Adern beim Edelpilzkäse, den Pelz vom Brie oder die rötliche Schmierschicht beim Münsterkäse. Andere Käselaibe wie Bonbel oder Gouda werden mit einer Wachsschicht überzogen.

Quark selber machen

Ähnlich wie Joghurt kannst du auch Quark selber machen. Dazu brauchst du: 1 l H-Milch, 100 ml reine Buttermilch, 1 Salatsieb aus Kunststoff, 1 supersauberes grobmaschiges Tuch (Stoffwindel oder Gardinenrest).

> Erwärme die Milch auf etwa 28° – so dass du sie gut anfassen kannst. Mische sie mit der Buttermilch.

> Decke die Schüssel mit Frischhaltefolie ab und lass sie neben der Heizung stehen. Nach 24 Stunden hat sich die Dickete (› 80) gebildet.

> Jetzt nimm ein Messer und schneide die Dickete wie ein Gitter in Würfel von etwa 2 cm Kantenlänge. 30 Minuten stehen lassen – die Molke trennt sich jetzt vom Bruch.

> Ein Sieb mit dem Tuch auslegen und mit einem Schaumlöffel oder Haarsieb den Bruch (› 80) vorsichtig hineinschöpfen – nicht rühren.

> Alles kühl stellen und etwa 12 Stunden abtropfen lassen (das siehst du auf dem **Bild**).

> Fertig ist dein Quark. Du kannst ihn durch Pressen noch trockener machen.

Noch mehr Quark

Es gibt Magerquark, Quark mit 10 %, 20 % und 40 % Fett. Der heißt dann Sahnequark und schmeckt auch so. Schichtkäse schmeckt ebenfalls cremig: Er wird aufeinander geschichtet und nicht gerührt. Ricotta ist die italienische Variante.

Käse schließt den Magen

Ein römischer Geschichtsschreiber, Plinius, hat das zum ersten Mal gesagt. Seither wird Käse am Ende eines Menüs gegessen – in Frankreich allerdings vor dem Dessert. Danach ist man wirklich ziemlich satt.

Käse-Lexikon

Fett i. Tr.
Das heißt: Fett in Trockenmasse. Denn jeder Käse wird mit der Zeit trockener und die Zusammensetzung ändert sich dadurch. Deshalb wird der Fettgehalt auf die Käsemasse ganz ohne Flüssigkeit umgerechnet. In Wirklichkeit hat das Käsestück ungefähr nur halb so viel Fett wie Fett i.Tr. Beim feuchten Frischkäse ist es sogar nur ein Viertel.

Käse aufbewahren
Käse muss ins nicht so kühle Käsefach des Kühlschranks, nur Frischkäse und Quark brauchen es noch kälter. Schmelzkäse ist auch bei Zimmertemperatur haltbar – im Supermarkt liegt er oft nicht im Kühlregal. In Frischhaltefolie verpackt, trocknet Käse nicht aus. Am besten 1 Stunde vor dem Essen herausnehmen, denn erst bei Zimmertemperatur entfaltet sich das Aroma!

Lab
Es bringt Milch zum Gerinnen, ohne dass sie sauer wird, Grundlage für die meisten harten und schnittfesten Käsesorten. Sie schmecken deshalb eher süßlich. Früher wurde Lab aus Kälbermägen gewonnen. Es wird aber auch aus Pflanzen und heute im Labor aus Bakterien hergestellt.

Welche Rinde darf man essen?
Wachsrinde musst du abschneiden. Auch harte Rinden entfernst du besser. Aber theoretisch kannst du den Pelz von Brie oder die rote Hülle von Romadour mitessen – das ist Geschmackssache.

Rohmilchkäse
Die meisten Käsesorten werden aus pasteurisierter → Milch gemacht. Es gibt auch Sorten, die aus Rohmilch gemacht werden, z.B. Emmentaler, echter Raclettekäse oder Roquefort. Du erkennst sie an ihrem sehr starken Geschmack. Sie sind die Könige unter den Käsesorten.

Käse ABC

Die Käse-Ordnung
Weil es so viele Käsesorten gibt, unterscheidet man Käse nach seinem Flüssigkeitsgehalt in: Hartkäse wie Parmesan, Schnittkäse wie Emmentaler, halbfester Schnittkäse wie Bonbel, Weichkäse wie Camembert, Frischkäse wie Quark.

Käseplatte
Käseplatten gibt es zum Abschluss eines Menüs. Ordne wie bei einer Uhr die Käsesorten nach ihrem Aroma an: Die milden bei 12 Uhr, dann wird es im Uhrzeigersinn immer pikanter. Dazu passen Weintrauben, Birnen, Tomaten und Radieschen. Und natürlich helles Brot.

Allgäuer Bergkäse

Bergkäse wird in den Bergen hergestellt. Er schmeckt würzig und lässt sich reiben und schneiden. Gruyère, Comté und Beaufort sind berühmte Bergkäse. Bei uns kommt er aus dem Allgäu. Er schmilzt prima in Saucen.

Bonbel

Er ist ein milder Butterkäse, lässt sich leicht schneiden und passt auf jedes Butterbrot. Du kennst sicher die kleinen Babybel in der Wachshülle. Man kann ihn auch zum Überbacken oder für Käsesauce (> 64) nehmen, aber nicht reiben.

Emmentaler

Er stammt aus der Schweiz und wurde im Sommer vom Senn auf der Alm hergestellt, um die Milch zu verwerten. Er schmeckt ein bisschen süßlich und hat große Löcher. Es gibt ihn auch aus dem Allgäu und als Leerdammer aus Holland.

Feta

Feta ist ein frischer, weißer Käse, der in Salzlösung (Lake) oder Öl aufbewahrt wird. Ursprünglich kommt er aus Griechenland und ist aus Schafmilch, heute meist aus Kuhmilch. Schmeckt am besten kalt.

Körniger Frischkäse

Vielleicht kennst du den körnigen Frischkäse auch als Hüttenkäse. Er hat seinen relativ harten Bruch behalten – das sind die Körner. Er schmeckt nur kalt aufs Brot. Er hat viel Eiweiß und wenig Fett.

Mozzarella

Mozzarella wurde früher aus Büffelmilch gemacht, heute meist aus Kuhmilch. Er ist ein wenig gummiartig, weil der Bruch heiß überbrüht und geknetet wird. Mozzarella ist mild und schmilzt toll. Er ist der ideale Pizza-Käse.

Camembert

Camembert und Brie wurden in Frankreich erfunden. Ihre Rinde wird vor dem Reifen mit »guten« Schimmelkulturen besprüht, die man mitisst. Wenn sie innen anfangen zu laufen, sind sie sehr reif und schmecken intensiv.

Edamer

kommt ursprünglich aus der holländischen Stad Edam, wird aber auch in Deutschland hergestellt. Er schmeckt mild, ist schnittfest, aber weicher als Gouda und nicht so salzig.

Edelpilzkäse

Man sagt auch Blauschimmelkäse dazu. Berühmt sind Roquefort, Gorgonzola und Stilton. Dieser Schimmel ist unschädlich. Schmeckt auch toll in Käsesaucen.

Frischkäse

Frischkäse schmeckt mild-würzig und lässt sich auch toll als Butterersatz aufs Brot streichen. Es gibt viele Geschmacksrichtungen von Kräutern bis Paprika. Mascarpone ist ein fast süßlicher Frischkäse aus Italien und gehört in Tiramisu.

Gouda

Gouda stammt aus Holland und ist ein fester Schnittkäse – wenn er alt ist, kann man ihn reiben. Er schmeckt pikant würzig. Es gibt ihn auch mit Kreuzkümmel, Senfkörnern oder Brennnesseln. Die Rinde nicht mitessen!

Harzer

Harzer Roller gehört zu den Sauermilchkäse, die aus Quark gemacht werden. Sie sind sehr mager und schmecken ziemlich intensiv. Eine Spezialität ist Harzer auf Schwarzbrot mit Gänseschmalz, Kümmel, Zwiebelringen und Senf!

Münsterkäse/ Romadur

Der Münsterkäse gehört zu den Weichkäsen und wird mit Rotkulturen, das sind Bakterien, eingeschmiert. Dadurch bekommt er seine rötliche Rinde. Er ist ein echter Stinkerkäse und hat einen sehr starken Geschmack.

Parmesan

Parmesan ist ein echter Italiener aus der Gegend um Parma. Er gehört zu den Extrahartkäsen. Er lässt sich am besten reiben und ist toll zum würzigen Überbacken. Parmesan aus der Dose ist meist keiner und schmeckt scheußlich!

Schmelzkäse

Er entsteht, wenn man Käse zerkleinert und mit Schmelzsalz und würzenden Zutaten erhitzt. Er wird aus bestem Käse hergestellt, doch enthält er viel Phosphor und Zusatzstoffe. Es gibt ihn als Scheibletten und zum Streichen.

Zutaten für 4 Kinder:

250 g Weizenmehl

Salz, 2 Eier, 220 ml Wasser

120 g Hartkäse

1 Bund Frühlingszwiebeln

1 EL Butter

1 ›

Reibekäse schmeckt am besten, wenn du ihn frisch reibst. Je härter der Käse ist, desto feiner kann die Reibe sein.

‹ 2

Den Spätzlehobel nicht zu schnell hin- und herbewegen, dann tropfen kleine Spätzle in den Topf.

3 ›

Aus dem Schaumlöffel kann das Wasser gut abtropfen, bevor du die Spätzle in die Schüssel gibst.

‹ 4

Die Spätzle mit Käse und angebratenen Frühlingszwiebeln einschichten.

Käsespätzle sind eine süddeutsche Spezialität. Sie besteht aus frisch gekochten Spätzle, Reibekäse und in der Pfanne gebratenen Zwiebeln. Wir haben Frühlingszwiebeln genommen – die schmecken den Kochkids besser.

Käsespätzle

> Das Mehl mit 1/2 TL Salz in einer Schüssel mischen. Die Eier am Rand aufschlagen und ins Mehl gleiten lassen. Nach und nach Wasser dazugießen und den Teig mit dem Handrührgerät ganz glatt rühren.

> Den Käse reiben **(Bild 1)**. Die Zwiebeln waschen. Wurzeln direkt über dem Ansatz abschneiden. Welke Außenblätter abziehen und die grünen Blätter abschneiden, wo sie welk werden. Die Zwiebelstangen in dünne Röllchen schneiden. In einer beschichteten Pfanne die Butter schmelzen und die Zwiebelringe braten, bis sie bräunliche Stellen bekommen.

> Einen großen Topf zu zwei Dritteln mit Wasser füllen, 2 TL Salz dazugeben und alles zum Kochen bringen. Den Backofen zum Warmhalten auf 120° vorheizen. Eine feuerfeste Schüssel, die geschmälzten Zwiebeln und den geriebenen Käse bereitstellen.

> Den Spätzlehobel über den Topf legen, den »Teigtank« mit Teig füllen und hin- und herbewegen. Dabei fließt der Teig in kleinen Tröpfchen ins Wasser **(Bild 2)**. Ist der Teig dafür zu dick, musst du noch etwas Wasser unterrühren.

> Jede Spätzleportion so lange kochen lassen, bis alle an der Wasseroberfläche schwimmen. Nun kannst du sie mit dem Schaumlöffel herausheben **(Bild 3)** und in der Schüssel verteilen. Etwas Reibekäse und Zwiebeln darauf verteilen. Dann die nächste Portion Spätzle herstellen, wieder einschichten. Am Ende die restlichen Zwiebeln und Käse auf den Käsespätzle verteilen **(Bild 4)**.

> Du kannst die Spätzle noch etwa 15 Min. im Backofen durchziehen lassen.

Fürs Original-Raclette wird ein halber Käselaib so übers Feuer gehalten, dass er schmilzt und man ihn abstreichen kann. Meist wird er aber in elektrischen Raclettegeräten als Scheibe geschmolzen. Dazu gibt es Pellkartoffeln – wie in unserem Rezept.

Raclette-Kartoffeln

Zutaten für 4 Kinder:

800 g Pellkartoffeln (› 78)

1/2 TL Salz

geriebene Muskatnuss

300 g Raclettekäse in Scheiben

Fett für die Form

> Den Backofen auf 200° vorheizen. Eine flache Auflaufform einfetten und die Kartoffeln in einer Schicht darauf verteilen – je größer die Form, desto besser. Mit Salz bestreuen und Muskatnuss darüber reiben.

> Den Raclettekäse auf die Kartoffeln legen – die Rinde kann dranbleiben.

> Im Backofen (Mitte, Umluft 180°) etwa 15 Min. überbacken, bis der Käse geschmolzen ist.

Tsatsiki

Zutaten für 4 Kinder:

250 g Naturjoghurt

100 g Magerquark

1/2 Gurke

1 Knoblauchzehe

1/2 TL Salz

Pfeffer

> Joghurt mit Quark mischen. Gurke waschen, wer will, kann die Schale abschälen. Mit der Küchenreibe die Gurke fein raspeln. Knoblauch schälen und fein hacken oder durch die Knoblauchpresse drücken.

> Gurkenraspel und Knoblauch untermischen und den Tsatsiki mit Salz und Pfeffer kräftig abschmecken.

Tsatsiki kommt aus Griechenland und ist halb Dip, halb Salat. Er passt zu Grillgerichten, Frikadellen oder einfach zu Pellkartoffeln.

K wie Kirschen

Mit 15 Millionen Kirschbäumen ist Deutschland der Kirschen-König. Schon in der Bronzezeit gab es wilde Kirschen am Bodensee – Archäologen haben Kerne in Gesteinsablagerungen gefunden. Überlege deshalb genau, wohin du deine Kerne um die Wette spuckst ... Die heutige Kirsche hat allerdings der römische Feldherr und Feinschmecker Lukullus nach Rom gebracht.

Die Kirschen und die Liebe

Rot sind sie ja – und manche haben sogar eine Herzform und heißen Herzkirschen. In Volksliedern wird vom roten Kirschenmund gesungen. Und die »Kirschen in Nachbars Garten« gehören schon jemandem, wie die Frauen, die schon einen Mann haben. Wenn mit jemandem »nicht gut Kirschen essen« ist, dann heißt das: Er ist unfreundlich, ruppig und ungefällig.

Warum soll man beim Kirschenessen nicht trinken?

Kirschen bestehen aus wenig Frucht und viel Schale. Die ist mit Keimen aus der Umgebung benetzt – im Magen werden sie abgetötet. Wenn du aber viel trinkst, verdünnst du die Magensäure so, dass die Keimzahl explodiert und der Mageninhalt gärt. Das gibt Blähungen, sprich Bauchweh. Beim Kirschenessen also nie viel trinken!

Kirsch-Spezialitäten

Kirschwasser – Amarena-Kirschen – Belegkirschen – Schwarzwälder Kirschtorte – Kirsch-Pralinen

Dieser süße Auflauf ist eine tolle Verwertung für übrig gebliebenes Brot. Mit Sauerkirschen aus dem Glas kannst du ihn das ganze Jahr zubereiten. Wenn du ihn mit frischen Sauerkirschen machst, musst du ihn mit Zucker servieren.

Zutaten für 4 Kinder:
8 Brötchen oder 1 Baguette vom Vortag
1 Glas Schattenmorellen oder 750 g frische Kirschen
3/4 l Milch, 60 g Zucker
3 Eier, Butter für die Form
1 EL Butter
2 EL Mandelblättchen

Kirschenmichel

> Den Backofen auf 180° vorheizen. Die Brötchen in fingerdicke Scheiben schneiden. Kirschen aus dem Glas in ein Sieb über einer Schüssel gießen und abtropfen lassen (den Saft zu einer Schorle verarbeiten). Frische Kirschen waschen und entsteinen. Die Milch mit Zucker und Eiern mischen **(Bild 1)**.

> Eine Auflaufform mit Butter ausfetten. Die Brotscheiben mit den Kirschen einschichten **(Bild 2)**. Die Eiermilch darüber verteilen **(Bild 3)**. Mit Mandelblättchen und Butterflöckchen belegen **(Bild 4)** und im Backofen (Mitte, Umluft 180°) 30–45 Min. backen (bei einer flachen Form wie hier nur 30 Min., bei einer hohen dauert es länger).

1 ›

Die Milch mit Zucker und Eiern verrühren.

‹ 2

Brotscheiben in die Form stellen und die Kirschen dazwischen verteilen.

3 ›

Die Milch über alle Brotscheiben gießen.

‹ 4

Noch mit Mandeln bestreuen und ab in den Backofen.

Süß-und Sauerkirschen

Die etwa 1000 Kirschsorten teilen sich in drei Gruppen. Die **Süßkirschen** schmecken am besten frisch. Zu den **Sauerkirschen** zählen die Schattenmorellen, Weichseln und Maraska-Kirschen. Sie schmecken am besten mit Zucker als Kompott gekocht und in Kuchen. Zur Mischgruppe der **Bastardkirschen** gehören die typisch süß-sauren Glaskirschen.

Tipp

Dunkle Süßkirschen schmecken besonders gut im Clafoutis (› 15). Am schönsten sieht er aus, wenn du ihn mit ganzen Kirschen bäckst. Zum Essen feiner sind entsteinte Kirschen. Dazu brauchst du einen Kirschentsteiner: Oben kommen die Kirschen hinein, du betätigst einen Drücker, die Kerne fallen in eine Box, die Kirschen nach außen.

K wie Kohl oder Kraut

Als »Krauts« werden die Deutschen in den USA belächelt. In Frankreich dagegen ist »mon petit chou« (mein kleiner Kohlkopf) ein Kosename. Kraut, auch Kappes (das sagen die Rheinländer zu Kohl – und zu Blödsinn) genannt, das ist in jedem Fall Weißkohl oder Rotkohl. Und natürlich Sauerkraut.

Von Rot zu Blau

Rotkohl ist zunächst einmal rot. Im Sommer, wenn er geerntet wird, kannst du Salat daraus machen (› 89). Aber wenn Rotkohl gekocht wird, verändert sich seine Farbe: Er wird zu Blaukraut. Erst wenn er mit Essig säuerlich abgeschmeckt wird, bekommt er wieder eine rötliche Farbe.

Der feinste Weißkohl ist spitz

Spitzkohl ist eine besonders zarte, lockere, spitz zulaufende Weißkrautsorte, die es vor allem im Frühsommer gibt. Weil er schon im Winter gepflanzt wird, heißt er auch Adventskohl.

Sauerkraut

Im Herbst wird Sauerkraut für den Winter eingelegt: Zuerst wird der Kohl, der bis zu 20 kg wiegt, geputzt, dann in dünne Streifen gehobelt. Die Streifen werden mit etwas Salz in ein Fass gefüllt und fest zusammengepresst. Dadurch tritt Zellsaft aus dem Kohl und er beginnt zu gären – wie Salzgurken (› 70). Milchsäurebakterien bauen den »Zucker« im Kohl zu Milchsäure ab – das Kraut wird sauer und haltbar. Frisch bekommst du es nur im Reformhaus. Normalerweise wird Sauerkraut pasteurisiert (› 98), damit es länger als 1–2 Monate seinen Geschmack behält. Früher war Sauerkraut in Bauernfamilien ein wichtiger Wintervorrat und stand täglich auf dem Speisezettel. Und Seeleute, die ja nichts Frisches zu essen bekamen, schützten sich damit vor Skorbut. Diese Vitamin-C-Mangelkrankheit kostete früher viele Seeleute auf monatelangen Schiffsreisen das Leben. Heute wissen wir, dass Sauerkraut sogar vor Krebs schützen kann. Denn in Korea, wo jeder eine dicke Portion Sauer-Chinakohl – »Kimchi«– isst, bekommen die Menschen kaum Darmkrebs. Allerdings sind die meisten Schutzstoffe in rohem Sauerkraut enthalten. Probier es mal – sauer macht lustig!

Krautsalat schmeckt vor allem im Sommer köstlich, wenn der Kohl zart ist. Er schmeckt mit Weiß- und Rotkohl.

Krautsalat

Zutaten für 4 Kinder:

500 g Rotkohl oder Weißkohl

1/8 l heiße Gemüsebrühe

1 EL Senf, 3 EL Weißweinessig

4 EL Traubenkernöl

Salz, Pfeffer, 1 EL Kümmel

> Die äußeren Blätter des Kohls entfernen, anschließend den Kohlkopf waschen und zuerst halbieren (das ist ziemlich schwer – hol dir dazu am besten die Hilfe eines »Großen«), dann vierteln. Mit einem Messer die Kohlviertel in dünne Streifen schneiden **(Bild 1)**. Schneller geht es mit einer Küchenmaschine. Es gibt auch riesige Krauthobel – aber daran kann man sich enorm schneiden. Das geschnittene Kraut in eine Schüssel geben.

> Die Brühe und den Senf, den Essig, das Öl, 2 Msp. Salz, Pfeffer und Kümmel dazugeben **(Bild 2)** und alles gut miteinander mischen.

1 ›

1 Je feiner das Kraut geschnitten wird, desto besser schmeckt es. Am schnellsten geht das mit der Küchenmaschine.

2 ›

Die Wärme der Brühe macht das Kraut etwas weicher – vor dem Essen kalt stellen

Schupfnudeln

Zutaten für 4 Kinder:

1 kleine Zwiebel

50 g durchwachsener Speck

1 EL Öl

500 g fertige Fingernudeln, auch Schupfnudeln genannt (aus dem Kühlregal)

300 g Sauerkraut

Pfeffer

1 EL frische Schnittlauchröllchen

> Die Zwiebel schälen und mit einem Messer fein hacken. Die Schwarte vom Speck abschneiden. Den Speck mit dem Messer in kleine Würfel schneiden.

> Das Fett in einer tiefen Pfanne erwärmen. Den Speck darin bei mittlerer Hitze glasig werden lassen. Dann die Zwiebel dazugeben und braten, bis sie bräunlich wird. Die Schupfnudeln dazugeben und bei mittlerer Hitze von allen Seiten knusprig braten.

> Das Sauerkraut mit der Gabel etwas auflockern und zu den Schupfnudeln geben. Unter Rühren etwa 10 Min. bei mittlerer Hitze braten. Mit Pfeffer würzen. Mit Schnittlauchröllchen bestreut servieren.

Wer denkt, Sauerkraut ist ein Winteressen, hat sich getäuscht. Ein Lieblingsgericht der Schwaben sind Schupfnudeln mit Sauerkraut – sogar auf Sommerfesten!

K wie Kräuter

»Dagegen ist kein Kraut gewachsen« spielt auf die sagenhaften Kräfte von Kräutern an. Während die → Gewürze größtenteils von weither kamen, wachsen Kräuter im Lande. In heidnischen Zeiten wurden mit ihrer Hilfe Liebestränke gebraut, die Pest bekämpft oder Lügner. Später wurden die kräuterkundigen Frauen als Hexen verfolgt. Heute mögen wir Kräuter, weil sie gut schmecken und riechen. Außerdem enthalten sie sehr viele Vitamine, Mineral- und Bioaktivstoffe. Viele haben darüber hinaus eine medizinische Wirkung und werden als Heilkräuter verwendet (› 57).

Kräuter richtig aufbewahren

Frische Kräuter nicht in ein Glas Wasser stellen. Ihr Stoffwechsel läuft weiter und verbraucht Kraft, die Kräuter welken. Stattdessen in einer dicht schließenden Plastikbox im Kühlschrank lagern – da bleiben sie mindestens 1 Woche frisch.

Getrocknete Kräuter kühl, luftdicht und dunkel aufbewahren. Nimm leere Schraubgläser und stelle sie in den Küchenschrank.

Tiefgekühlte Kräuter: Du kannst Kräuter prima in Boxen einfrieren. Petersilie musst du nicht mal hacken: Gefroren lässt sie sich prima zerkrümeln.

Kräutermischungen

Bestimmte Mischungen von Kräutern haben sich als besonders delikat herausgestellt:

Bouquet Garni
(frz., sprich: »Bukeh Garnie«) heißt Kräutersträußchen. Dafür werden verschiedene Kräuter, z.B. Petersilie, Thymian, Lorbeerblatt, zusammengebunden, mitgekocht und dann entfernt.

Kräuter der Provence
(frz., sprich: »Prowohngs«) › 92.

Fines Herbes
(frz., sprich: »Fihnserb«): Die Mischung aus Schnittlauch, Kerbel, Petersilie und Estragon kommt aus der feinen französischen Küche.

Grüne Sauce
ist eine uralte Frankfurter Spezialität aus harten Eiern, saurer Sahne und neun Kräutern: Borrretsch, Dill, Estragon, Kerbel, Liebstöckel, Petersilie, Pimpinelle, Sauerampfer, Schnittlauch und Zitronenmelisse. Im Frühjahr kann man sie als frische Mischung kaufen.

Kräuter zerkleinern

Blättchen abzupfen

Wenn Kräuter mitgegessen werden, verwendet man nur die Blättchen. Es gibt mehrere Möglichkeiten, die kleinzukriegen. Vorher muss man sie natürlich immer waschen und trockentupfen.

Wiegen

Wie eine Wiege ist das Messer geformt – man »wiegt« Kräuter damit. Besonders schnell geht das, wenn das Messer zwei Schneiden hat. Spritze dabei ein wenig Wasser auf die Blättchen – dann springen sie nicht weg.

Schneiden

Schnittlauch lässt sich nicht hacken – du schneidest ihn am besten mit der Schere. Das gilt auch für alle anderen großblättrigen Kräuter, die nicht so fein gehackt werden sollen, z.B. Basilikum und Zitronenmelisse.

Tipp
Wie man Kräuterbutter macht, steht auf Seite 33.

Kräuterpesto

Zutaten für etwa 150 ml:

1 Töpfchen Basilikum

1 Bund Petersilie

50 g Pinienkerne

etwa 100 ml kaltgepresstes Öl

1/2 TL Salz und Pfeffer

> Die Basilikum- und Petersilienblätter vorsichtig von den Stielen zupfen, kurz abbrausen und abtropfen lassen. Eine Hand voll in ein hohes Gefäß geben.

> Pinienkerne ohne Fett vorsichtig in der Pfanne bei mittlerer Hitze rösten, dabei immer wieder wenden, bis sie hellbraun sind. Anschließend abkühlen lassen. 1 EL davon in den Becher geben, etwas Öl darüber geben und mit dem Pürierstab cremig pürieren **(Bild)**.

> Auf das Pürierte wieder etwas von den Kräutern, Pinienkernen und Öl geben und wieder pürieren. So weitermachen, bis alles püriert ist. Mit Salz und Pfeffer abschmecken.

> Im Schraubglas im Kühlschrank aufbewahren. Schmeckt toll auf Mozzarella und dunklem Brot oder, wie in Italien, als kalte Sauce zu Nudeln.

Pesto isst man natürlich zu Spaghetti (› 105) – einfach einen Löffel voll über deine Portion geben. Hier haben wir ein Brot mit Tomatenmark bestrichen und mit Mozzarella und Pesto angerichtet.

Den Becher beim Pürieren gut festhalten, sonst rutscht er weg.

Kräuter ABC

Kräuter kannst du auf der Fensterbank oder dem Balkon ziehen. Entweder kaufst du sie im Töpfchen (z.B. Basilikum und Rosmarin) oder säst sie selber aus. Das klappt besonders gut mit Bohnenkraut, Borretsch, Dill, Kresse (→Salat), Kerbel, Majoran, Petersilie, Pimpinelle, Salbei, Schnittlauch, Thymian und Zitronenmelisse.

Basilikum

Basilikum ist so zart, dass es getrocknet nicht so gut schmeckt. Am besten hält es sich in Öl (› 91, Pesto). Die frischen Blätter ganz verwenden oder mit einer Schere klein schneiden. Es regt den Appetit an und wirkt entspannend.

Dill

Dill schmeckt zu Gurke, Quark und Fisch. Zupfe die »Fähnchen« von den Stielen und hacke sie. Dillspitzen schmecken auch getrocknet. Gut gegen Blähungen.

Kräuter der Provence

sind Rosmarin, Lavendel, Basilikum, Thymian, Lorbeer und manchmal Fenchelsamen. Provence ist eine Provinz in Südfrankreich.

Kresse

Kresse kannst du leicht selber ziehen: Streue die Samen auf nasse Watte, stelle sie aufs Fensterbrett und halte sie feucht. Zum Ernten einfach mit der Schere abschneiden. Schmeckt frisch und scharf und putzt den Darm aus.

Pimpinelle

Pimpinelle ist am besten frisch und roh in kalten Speisen wie Kräuterquark und -butter und Salaten. Sie gehört in die Frankfurter Grüne Sauce und schmeckt frisch und mild. Sie ist ein Frühlingskraut und macht so richtig fit.

Rosmarin

Rosmarin ist ein Mittelmeerkraut. Zum Würzen werden die frischen oder getrockneten, ganzen oder gemahlenen Nadeln verwendet. Man kann es gut mitkochen. Rosmarin wirkt anregend, stärkend und fördert die Verdauung.

Estragon

Er schmeckt bittersüß, leicht pfeffrig. Getrocknet verliert er an Geschmack, sein Aroma hält sich besonders gut in Essig (› 129). Frisch gehackter Estragon passt zu Salaten, kaltem Fleisch, Kräuterquark und -butter, Eiern. Er macht Appetit.

Kerbel

Kerbel schmeckt ein wenig nach Anis und nur frisch gut. Er gehört in die Frankfurter Sauce und in die Kerbelsuppe natürlich. Als typisches Frühlingskraut macht er munter, regt die Verdauung an und wirkt entwässernd.

Koriander

Er sieht aus wie Petersilie und wird so verwendet, schmeckt aber exotisch und gehört in asiatisch/mexikanische Gerichte. Die Körner sind in Lebkuchengewürzen und in Curry. Koriander wirkt gegen Bauchweh und Durchfall.

Majoran/ Oregano

Majoran schmeckt frisch oder getrocknet. Er wirkt in → Wurst konservierend. Oregano ist wilder Majoran und passt zu Pizza und Tomatengerichten. Majoran wirkt gegen Blähungen und Völlegefühl nach deftigem Essen.

Petersilie

Die Petersilie ist das Universalkraut. Glatte Petersilie würzt kräftiger, krause sieht als Dekoration hübsch aus. Die Blätter fein wiegen. Die Stiele als Würze z.B. in der Suppe mitkochen. Regt die Nieren zur besseren Entwässerung an.

Pfefferminze/ Minze

Pfefferminze kennst du als Tee und Kaugummi. Aber es ist auch ein Küchenkraut. Wenig frische Blätter geben süßen und salzigen Gerichten Frische. Minze wirkt gegen Husten und Völlegefühl. Minzöl auf der Stirn vertreibt Kopfweh.

Salbei

Salbei schmeckt am besten frisch und entfaltet sein Aroma erst beim Kochen, z.B. in Butter zu Gnocchi. Gurgeln mit Salbeitee hilft gegen alle Entzündungen in Mund und Hals. Salbei hemmt das Schwitzen und sorgt für gesunde Verdauung.

Schnittlauch

Der Schnittlauch, auch ein Ganzjahreskraut, schmeckt nach Zwiebeln und wird in Röllchen geschnitten. Er verliert beim Kochen seinen Geschmack, deshalb erst nach dem Kochen zugeben. Frisch schmeckt er am besten.

Thymian

Thymian schmeckt frisch und getrocknet zu Fleisch. Entweder ganze Stiele mitkochen oder die zerbröselten Blättchen. Thymian konserviert und ist deshalb auch in → Wurst. Er wirkt gegen Husten, Bauchweh und Zahnfleischentzündungen.

K wie Kürbis

Schon in Irland wurde zur Keltenzeit am 31. Oktober das Fest für die Geister der Toten gefeiert. Das amerikanische Halloweenfest hat Kürbis richtig in Mode gebracht: Am »All Hallow's Eve«, dem »Abend vor Allerheiligen«, feiern Jung und Alt ein herrlich gruseliges Fest, natürlich mit leuchtenden Kürbisfratzen und vielen Leckereien und Spielen.

Spaghettikürbis & Ufo

Die gibt's wirklich! Der gelbe, eierförmige Spaghettikürbis wird im Ganzen gekocht. Nach dem Aufschneiden löst sich das Innere in spaghettiartige Kürbisfäden. Am besten isst du ihn mit Butter, Salz, Pfeffer und Parmesan.

Ufos sehen aus wie fliegende Untertassen, heißen Patisson oder Sqash. Es gibt unzählige Kürbissorten auf der Welt, auch bei uns auf den Märkten werden es immer mehr. Auch → Zucchini, → Melonen und → Gurken sind mit dem Kürbis verwandt. Zierkürbisse sind nur zur Dekoration da, man kann sie nicht essen. Alle Kürbisse schmecken nach wenig, enthalten viel Wasser und müssen kräftig gewürzt werden.

Kürbis-Lexikon

Pflanz deinen Kürbis fürs nächste Jahr

Wer die Kerne aufhebt, kann sie im Januar/Februar in einem Frühbeet auf dem Fensterbrett in Erde pflanzen und keimen lassen. Ab April die »Setzlinge« nach draußen pflanzen – am besten auf Kompost und mit viel Platz zum Ranken. Im Herbst kann man dann reichlich Kürbisköpfe ernten – und natürlich wieder zu Gruselköpfen und leckeren Gerichten verarbeiten.

Kürbiskerne und -öl

Eine bestimmte Kürbissorte hat grüne Kerne, die nicht geschält werden müssen. Du kannst sie knabbern, sie schmecken sehr gut. Aus ihnen wird ein dunkelgrünes, köstliches → Öl gepresst – vor allem in der Steiermark (Österreich).

Am besten zum Aushöhlen und Schnitzen eignet sich der orangefarbene Riesenkürbis.

Gruselkürbis

> Mit einem Bleistift rundum Zacken für den Deckel und das Gesicht aufmalen. Wenn's nicht auf Anhieb gelingt, kann radiert werden. Wichtig: Wähle einfache Formen, denn die Kürbisschale ist hart.

> Mit einem festen Messer zunächst den Deckel in Zick-Zack-Form ausschneiden – Vorsicht, nicht abrutschen! Dann die Augen und den Mund ausschneiden.

> Mit einem Eisportionierer oder den Händen die Kerne und Fasern herausholen. Dann mit dem Portionierer oder einem Löffel so viel Fruchtfleisch wie möglich herauskratzen (das macht etwas Mühe – lass dir dabei Zeit) **(Bild 1)**.

> Ein Teelicht hineinstellen, anzünden und den Deckel wieder aufsetzen. Nun kann dir das Gespenst beim Abendessen zusehen.

1 ›

Mit einem Eisportionierer oder stabilen Löffel den Kürbis aushöhlen.

Kürbissuppe mit Frischkäse

Zutaten für 4 Personen:

1 Zwiebel

etwa 1 kg Kürbisfleisch

1 EL Butter

Salz, weißer Pfeffer, Currypulver

100 ml Apfelsaft

1/2 l Gemüsebrühe (› 42)

200 g Doppelrahm-Kräuterfrischkäse

> Die Zwiebel schälen, halbieren und auf ein Brettchen legen. Von der Spitze her erst senkrecht einschneiden – dabei nicht ganz bis zur Wurzel durchschneiden, so dass die Zwiebel noch zusammenhält. Quer in dünne Scheiben schneiden (› 141). Das Kürbisfleisch in grobe Stücke schneiden.

> Die Butter in einem breiten Topf erhitzen, die Zwiebel darin andünsten. Wenn sie glasig ist, die Kürbisstücke, Salz, Pfeffer und Curry dazugeben und alles andünsten. Den Apfelsaft dazugießen. Zudecken und etwa 15 Min. bei schwacher Hitze köcheln lassen, bis der Kürbis weich ist **(Bild 1)**.

> Die ganze Masse mit dem Pürierstab fein pürieren, dabei nach und nach den Käse dazugeben. Die Brühe zu einer Suppe dazugießen, nochmal erhitzen und abschmecken. Wer mag, kann grüne Kürbiskerne (› 94) in einer beschichteten Pfanne rösten, bis sie duften und auf die Suppe streuen **(Bild 2)**.

‹ 1

Das Kürbisfleisch andünsten.

2 ›

Den garen Kürbis mit dem Pürierstab zerkleinern und durchmixen. Achtung, spritzt!

M wie Milch

Den Milchbart bekommt man, wenn man Milch trinkt . Aber das ist auch ein Neckwort für junge Männer, die noch keinen richtigen Bart haben (höchstens vom Milchtrinken) und nicht für voll genommen werden.
Milch ist die erste Nahrung, wenn wir auf die Welt kommen. Und sie bleibt immer wichtig. Sie sorgt dafür, dass wir genug Calcium (› 97) für unsere Knochen bekommen. Das, was wir bis zum Ende unserer Schulzeit eingelagert haben, ist die Reserve für den Rest des Lebens. Weil das so wichtig ist, gibt es Schulmilch, die vom Staat zum Teil bezahlt wird. Etwa 1/2 Liter Milch braucht ein Schulkind am Tag.

Die Milchstrasse

Die alten Griechen erklärten sich den Sternenschleier am Nachthimmel so: Göttervater Zeus legte seinen außerehelichen Sohn Herakles heimlich an die Brust seiner Frau Hera, damit Herakles auch unsterblich würde. Hera erwachte, stieß ihn weg, ihre Milch spritzte in den Himmel und wurde zur glitzernden Milchstraße.

Das Land, wo Milch und Honig fließen

Milch ist der Inbegriff von Überfluss und Wärme. Denn sie entsteht, ohne dass wir viel dazu tun müssen. Deshalb ist in der Bibel auch vom Land, in dem Milch und Honig fließen, die Rede. Kuh, Ziege oder Schaf gehen auf die Weide und verwandeln in ihrem Körper Gras sozusagen zu Milch.

Die Milchmacher

Milch ist bei allen Säugetieren, auch dem Menschen, die Nahrung für den Nachwuchs: Ohne Kälber, Lämmer und Zicklein geben Kühe, Schafe und Ziegen keine Milch. Und die jungen Tiere? In Biobetrieben bekommen sie in den ersten Tagen die Muttermilch. Denn sie enthält sehr viele Schutzstoffe und macht die Tiere gesünder. Danach trinken die Jungtiere sogenannte Milchaustauscher – sie sind mit Säuglingsmilchnahrung für Babys zu vergleichen. Extra gezüchtete Milchrassen geben sehr lange Milch, auch wenn die Kälber schon längst Gras fressen. Für Allergiker ist auch Stutenmilch interessant.

Wie entsteht Milch?

Milchdrüsen produzieren, von Hormonen angeregt, in kleinen Milchbläschen Milch. Diese wird über ein Netz von Milchkanälen bis zur Zitze geführt. Der Milchfluss setzt erst ein, wenn die Zitze durch das Saugen angeregt wird. Die Nährstoffe für die Milch werden über die Blutgefäße antransportiert. Um 1 Liter Milch zu bilden, müssen z.B. 300 bis 500 Liter Blut durch das Euter einer Kuh fließen.

Milch trinken ist Gewohnheitssache

Erwachsene Asiaten vertragen keine Milch mehr. Die Milchwirtschaft hat in ihren Ländern keine Tradition, tropische Sonne und viel Gemüse sorgen für starke Knochen auch ohne viel Calcium. Aber in Ländern, die seit Jahrhunderten Viehzucht betreiben und nicht so von der Sonne verwöhnt werden, haben sich die Menschen und ihr Verdauungssystem auf Milch eingestellt. Wenn sie zu wenig davon trinken, kann das ihre Knochen im Alter brüchig werden lassen – Osteoporose heißt das. Bei Calcium-Mangel bekommen Kinder krumme Knochen (Rachitis). Wer Milch aber gar nicht verträgt, sollte es mit Sauermilchprodukten oder Käse versuchen.

Milch-Lexikon

Was ist drin in der Milch?

Hauptsächlich besteht Milch aus Wasser. Darin schwimmen Milchfett, Milcheiweiß und Milchzucker. Aus dem Milchfett wird Butter gemacht (› 31). Das Milcheiweiß enthält alle acht Aminosäuren, die unser Körper braucht. Der Milchzucker sorgt für gute Verdauung und wird in Sauermilchprodukten zu Milchsäure abgebaut. An Mineralstoffen sind vor allem Calcium und Jod wichtig. Kein Lebensmittel enthält so viel Calcium wie Milch und seine Produkte. Alle Vitamine sind in der Milch, vor allem Vitamin B2 und B12. Beide sind wichtig für das Wachstum.

Calcium

Es macht die Knochen und die Zähne stark. Kindergartenkinder brauchen 600 mg Calcium, Schulkinder etwa 1000 mg pro Tag. 600 mg Calcium sind in 1/2 l Milch, 500 g Joghurt, 650 g Quark, 105 g Camembert, 70 g Gouda oder 50 g Parmesan. Kleinere Mengen Calcium finden sich in → Hülsenfrüchten, Sesamsamen, Mandeln und Haselnüssen (› 110).

Wie lange bleibt Milch frisch?

Frischmilch ist nur pasteurisiert und muss gekühlt werden. Dann kann man sie 4–6 Tage trinken. Ultrahocherhitzte Milch heißt H-Milch und ist auch ohne Kühlung 6–8 Wochen haltbar. Sterilisierte Milch hält ungefähr 1 Jahr.

M

Was in der Molkerei passiert

Bevor die Milch abgefüllt im Supermarkt steht, wird sie bearbeitet. Denn in der warmen Kuhmilch sind Keime enthalten, die zu einem raschen Verderben führen können. Manche machen auch krank.

> Zuerst wird die Milch genau untersucht, gereinigt und in Magermilch und Rahm getrennt. Dann wird Rahm wieder zugegeben, um einen bestimmten Fettgehalt zu erreichen. In natürlicher Milch schwankt der Fettgehalt zwischen 3,5 und 4,5 %.

> Beim Homogenisieren werden die Fettkügelchen in der Milch zerkleinert. Sie setzen sich nämlich sonst in einer Rahmschicht oben auf der Milch ab.

> Danach wird die Milch erhitzt, um besser haltbar zu sein. Beim Pasteurisieren wird sie nur 30 Sekunden auf 75° erhitzt. Beim Ultrahocherhitzen 1 Sekunde auf 135–150°.

> Danach wird die Milch abgefüllt und zum Verkauf transportiert.

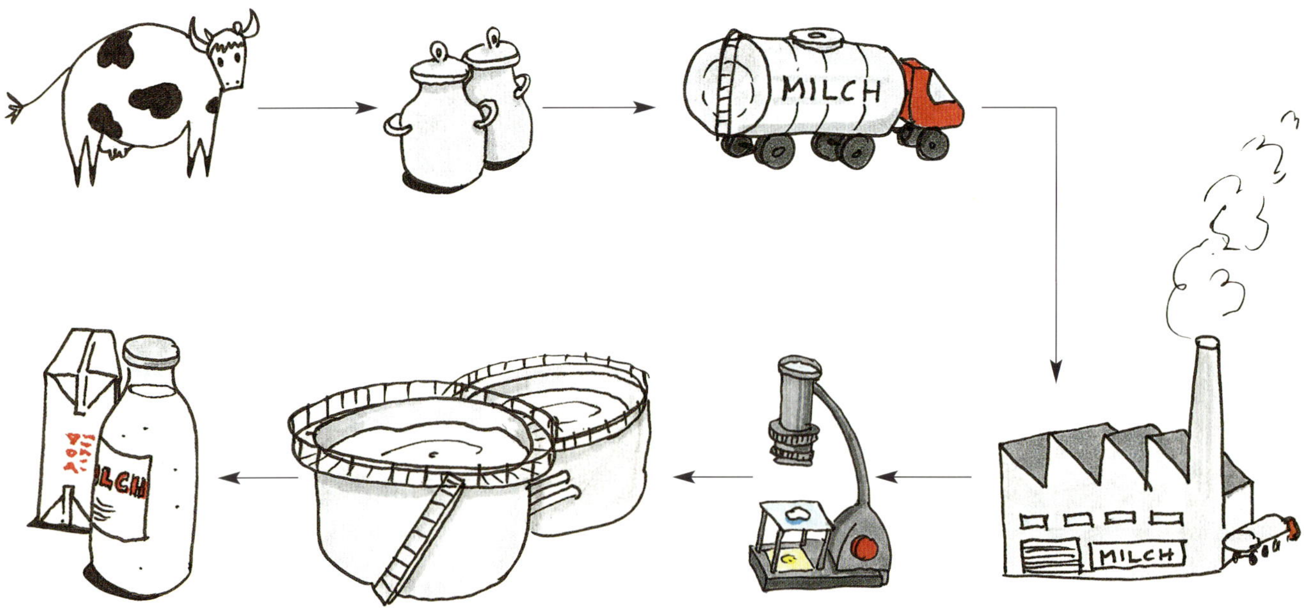

Milch und Milchprodukte verarbeiten

Wenn du Milch erhitzen möchtest, spüle den Topf vorher mit kaltem Wasser aus, dann brennt sie nicht so leicht an. Trotzdem musst du dabeibleiben und immer wieder umrühren, damit sie nicht anbrennt oder überkocht. Auch beim Abkühlen rühren, dann bildet sich keine Haut.

Sahne schlägst du am besten in einem hohen Rührgefäß mit dem elektrischen Rührgerät. Sahne, Rührarme und Schüssel sollten kalt sein. Sobald die Sahne etwas dicklich wird, Zucker dazugeben und weiterschlagen. Der Zucker macht die Sahne schneller steif und kann sich so schön lösen. Prüfe zwischendurch, ob die Sahne fest ist – sonst wird sie butterig.

Wie ein Milchmix gemacht wird, kannst du im Bananenkapitel auf Seite 11 nachlesen. Das funktioniert auch mit Erdbeeren, Aprikosen, Melonen oder Pfirsichen – vielleicht musst du ein wenig nachsüßen. Wenn die Früchte zu säuerlich sind, kann die Milch gerinnen. Das schadet nicht, schmeckt aber vielleicht nicht mehr so gut. Milchmixe gibt es wie Kakao auch fertig zu kaufen.

Kleine Milchkunde

Milch kann sehr unterschiedlich schmecken. Finde heraus, welche Art dir am besten schmeckt.
Biomilch kommt nur von Kühen, die biologisch produziertes Futter vom eigenen Hof fressen.
Rohmilch heißt die Milch direkt von der Kuh. Du kannst sie nur direkt beim Bauern kaufen.
Vorzugsmilch ist Rohmilch aus kontrollierten Höfen (Naturkostladen oder Reformhaus).
Vollmilch hat einen Fettgehalt von 3,4–3,8 %.
Magermilch hat höchstens 0,3 % Fett.
Fettarme Milch hat 1,5–1,6 % Fett.
Frischmilch ist pasteurisiert.
H-Milch ist ultrahoch erhitzt.
Kondensmilch ensteht durch das Eindampfen von Milch. Es gibt sie unterschiedlich fett.
Kaffeesahne ist Kondensmilch. Sie ist 1 Jahr haltbar.
Milchpulver entsteht durch das Trocknen von Milch. Man kann es mit Wasser wieder zu Milch anrühren.

Milchprodukte

Dickmilch wird wie Joghurt hergestellt – nur sind andere Bakterien am Werk. Früher wurde die Milch beim Stehen von selber dick. Das klappt mit der heutigen Milch meist nicht: sie wird bitter. Am besten schmeckt Dickmilch mit Zimt und Zucker.

Kefir ist ein Verwandter des Joghurt und stammt aus Bulgarien. Er ist ein wenig prickelnd, enthält eine Spur von Alkohol und ist ziemlich dünnflüssig.

Buttermilch entsteht, wenn Milch gebuttert wird. Sie ist ein erfrischendes Getränk, enthält viel Eiweiß und fast kein Fett.

Molke entsteht bei der Käseherstellung. Sie enthält kaum Fett, aber viel Eiweiß, Milchzucker, Vitamine und Mineralstoffe der Milch. Molke regt die Verdauung an. Man findet sie auch als Pulver.

Süße Sahne (Rahm, Crème double) ist der fette Bestandteil der Milch und hat mindestens 30 % Fett. Sie rundet Suppen und Saucen ab. Als flüssige Schlagsahne lässt sie sich steif schlagen. Man kann Saucen und Suppen mit Sahne abschmecken. Sprühsahne enthält meist jede Menge Aromastoffe, fällt schnell zusammen, ist teurer und schmeckt künstlicher.

Crème double ist noch fetter (etwa 43 %) und fester, schmeckt aber auch eher süß.

Saure Sahne (Sauerrahm, Schmand, Crème fraîche) entstehen aus Bakterienkulturen wie → Joghurt. Es gibt saure Sahne mit 10 % Fett – sie ist für die kalte Küche toll, beim Kochen wird sie schnell grisselig. Sauerrahm mit 20 %, Schmand mit 24 % und Crème fraîche mit 30–40 % Fett bleiben beim Kochen schön glatt.

In hitzefesten Teegläsern siehst du den Schaum besonders schön.

Kinder-Cappuccino

Zutaten für 4 Kinder:

1 l H-Milch

3–4 TL Kakaopulver (entölt)

3–4 TL Zucker

(am besten brauner)

Sicher kennst du die Espressomaschinen, in denen Milch aufgeschäumt wird. Das geht auch ganz einfach zu Hause auf dem Herd. Am besten funktioniert das mit H-Milch. Statt richtigem Kakao kannst du auch Instant-Kakaopulver nehmen. Dann brauchst du keinen Zucker mehr – der ist da schon drin.

> Messe etwa 650 ml Milch ab und erhitze sie mit Kakaopulver und Zucker in einem Topf, verrühre dabei die Zutaten, bis sie sich gelöst haben.

> Erhitze die Milch in einem kleinen, aber hohen Topf, lass sie aber nicht kochen! Schlage sie dabei mit einem kleinen Schneebesen – sie wird schnell schaumig. Sobald du genug Milchschaum hast, gießt du erst den Kakao in hitzefeste Gläser oder Becher und gibst dann den Schaum darüber.

> Jetzt kommt noch etwas Kakaopulver darüber – fertig.

Grießbrei mit Zimtzucker

Zutaten für 4 Kinder:

1/2 l Milch

2 EL Weizengrieß (40 g)

1–2 EL Zucker

1/2 TL Zimtpulver

> Einen kleinen Topf mit Wasser ausschwenken, damit die Milch nicht anbrennt. Dann die Milch hineingeben und bei schwacher Hitze zum Kochen bringen.

> Grieß in die kochende Milch einrühren und etwa 5 Min. leise kochen lassen, dabei rühren, damit nichts anbrennt.

> Grießbrei auf vier Schälchen verteilen. Zucker mit Zimt mischen und auf den Brei streuen.

So ein Herzchen entsteht, wenn du ein Herz in ein Blatt Papier schneidest, es auf die Schale legst und dann mit Zimt überpuderst.

Sicher hast du schon Pudding mit fertigem Pulver gekocht. Aber es geht auch ganz einfach mit den Grundzutaten Milch, Speisestärke (› 61), Vanille, Zucker und Sahne. Damit der Pudding schön gelb wird, haben wir etwas Safran dazugetan.

Vanillepudding

Zutaten für 4 Kinder:

400 ml Milch

4 EL Speisestärke (40 g)

1 Msp. Safranpulver

1/2 Vanillestange

3 EL Zucker

100 g Sahne

> Etwas Milch abnehmen und im Schüttelbecher oder in einem Glas mit der Stärke mixen, bis es keine Klümpchen mehr gibt **(Bild 1)**. Safran in 1–2 TL heißem Wasser auflösen.

> Einen Topf mit kaltem Wasser ausschwenken, die übrige Milch und die Vanilleschote hineingeben und bei schwacher Hitze zum Kochen bringen.

> Die angerührte Stärke in die kochende Milch geben und weiterrühren **(Bild 2)**, einmal aufkochen lassen. Nun die Hitze klein stellen und Zucker und Safran dazugeben **(Bild 3)**. Die Milch verrühren und in eine Schüssel füllen. Abkühlen lassen, kalt stellen.

> Die Sahne steif schlagen und unter den kalten Pudding ziehen. Dazu passen Früchte.

Tipp
Wenn du den warmen Pudding in einer Form kalt werden lässt und keine Sahne unterziehst, kannst du ihn stürzen. Dazu passen pürierte Beeren oder einfach Sirup als Sauce.

1 ›

Milch und Stärke vermischen, bis du keine Klümpchen mehr siehst.

‹ 2

Diese Milch mit dem Schneebesen in die kochende Milch rühren.

3 ›

Safran macht auch Pudding gelb – wie man sieht.

M wie Möhre

Roh oder gekocht – immer mit Fett

Du kannst Möhren roh knabbern oder gedünstet als Gemüse essen. Das Carotin kann der Körper am besten aus gekochten Möhren verwerten – wenn noch ein bisschen Fett mit dabei ist. Das gibt man beim Kochen oder im Dressing automatisch zu. Sie heißen auch Karotten und gaben einer Vitamingruppe den Namen Carotin. Carotin schärft die Augen und verbessert jeden Sonnenschutz der Haut.

So bleiben Möhren frisch

Frische Möhren sind knackig und lassen sich leicht brechen. Wenn du Bundmöhren mit Grün kaufst, schneide es gleich ab, denn es entzieht der Möhre Feuchtigkeit und Kraft. Gib die Möhren dann in einer Plastiktüte in den Kühlschrank.

Möhren zubereiten

Möhren solltest du waschen und schrubben. Bei zarten, jungen Möhren reicht das schon als Vorbereitung. Bei ihnen kannst du kleine Stängelreste dranlassen.

Möhren mit dicker Schale schälst du mit dem Sparschäler. Zarte Möhren können im Ganzen gegart werden, dicke Möhren in Scheiben schneiden. Beides kochst du wie im Rezept Schmormöhren.

Zum Dekorieren kannst du zarte Möhren in Blümchen schneiden. Dazu schneidest du der Länge nach 3 Keile ein und schneidest Scheiben ab – schon sind sie Blumen. Lege sie dir aufs Butterbrot.

Du kannst die Möhren einfach mit Zitronensahne und Brot oder Couscous (› 63) essen. Sie sind aber auch eine tolle Beilage zu Hühnerfritters (› 49) oder Schnitzel (› 45).

Schmormöhren

Zutaten für 4 Kinder:

1–2 Bund junge Möhren
1 EL Butter
100 ml Gemüsebrühe (› 42)
Pfeffer

> Die Möhren vorbereiten (› 102). Die Butter in einem Topf erhitzen, die Möhren dazugeben und bei mittlerer Hitze anbraten. Etwa 10 Min. schmoren, bis die Möhren dunkel werden.

> Dann die Gemüsebrühe dazugeben **(Bild 1)**. Mit Pfeffer würzen. Einen Deckel auflegen und die Möhren noch 10 Min. schmoren **(Bild 2)**.

> Dazu passen gehackte Petersilie und Zitronensahne. Dafür saure Sahne (20 % Fett) oder Schmand mit 1–2 EL Zitronensaft, etwas abgeriebener Zitronenschale und etwas Salz cremig rühren.

1 ›

Die geputzten Möhren in Butter andünsten und dann mit Brühe ablöschen.

‹ 2

Die Möhren beim Schmoren ab und zu wenden; bei einer beschichteten Pfanne einen Holzwender benutzen.

Möhrensauce

Zutaten für 4 Kinder:

500 g Möhren
1 Zwiebel, 1 Knoblauchzehe
50 g Pinienkerne
oder geschälte Mandeln
2 EL Butter
2–3 EL Orangensaft
1 TL Salz, Pfeffer
1/2 TL Currypulver
2–3 EL Crème fraîche

> Die Möhren waschen, eventuell schälen und auf einem Brett in grobe Scheiben schneiden – wer hat, kann eine Küchenmaschine zum Schneiden nehmen. Zwiebel und Knoblauch schälen und grob würfeln.

> Zwiebel, Knoblauch und Pinienkerne in der Butter anbraten, bis sie leicht bräunlich werden. Dann die Möhren dazugeben, ebenfalls andünsten und den Orangensaft mit den Gewürzen hinzufügen.

> Die Hitze klein stellen, den Deckel auflegen und die Möhren in etwa 20 Min. gar dünsten. Wenn die Möhren ansetzen, etwas Wasser dazugeben. Sind sie wirklich weich, Crème fraîche dazugeben und mit dem Pürierstab im Topf zur Sauce pürieren (› 95).

Diese Sauce passt zu Nudeln, aber auch zu Kartoffeln und Schnitzel. Sie ist Gemüse und Sauce gleichzeitig.

N wie Nudeln

Nudeln, Pasta oder Teigwaren – es geht immer um einen Getreideteig, der in Form gebracht, getrocknet und erst vor der Zubereitung gekocht wird. Das spart eine Menge Zeit. Deshalb werden Nudeln immer beliebter. Das Schlaraffenland ist Italien: Dort isst jeder 28 Kilo Nudeln im Jahr – bei uns nur gut 5 Kilo. Aber in Familien mit Kindern ist das sicher mehr. Oder?

Chaos in der Nudelküche

Es gibt unglaublich viele unterschiedliche Nudelformen und jede hat vielerlei Namen je nach Hersteller und Ursprungsort. Doch bei den beliebtesten 10 Sorten kennst du dich sicher aus:

Spaghetti – Spiralen – Bandnudeln – Spätzle – Röhrchen – Korkenzieher – Makkaroni – Gabelspaghetti – Hörnchen – Rädchen

Wer hat die Nudeln erfunden?

Das älteste Nudelrezept ist 4000 Jahre alt und stammt aus China, auf etruskischen Grabfresken in Italien waren Nudelholz und -brett, Teigrädchen und -zange abgebildet. Als Marco Polo nach China reiste und von Nudeln berichtete, aß man in Süditalien schon mit Begeisterung Makkaroni. Die Araber hatten die Idee, Pasta in der Wüstensonne zu trocknen und sie dann als Vorrat mit ihrer Karawane mitzuführen. Auf die Nudelidee sind also mehrere Völker gekommen. Erst im Mittelalter kamen Nudeln nach Deutschland und wurden abgewandelt zu Spätzle und Maultaschen. Heute ist die beliebteste Sorte auch bei uns Spaghetti!

Leitsätze für Teigwaren

Das steht im »Nudelgesetz«: Eifreie Teigwaren bestehen aus Mehl bzw. Hartweizengrieß, Wasser und Salz (= italienische Pasta). Frischeinudeln enthalten zusätzlich noch Ei (= deutsche Nudeln wie Spätzle, Spiral- und Bandnudeln). Als Teigwaren besonderer Art werden alle Nudeln bezeichnet, die andere oder mehr Zutaten enthalten. Wenn z.B. statt Weizen Buchweizen-, Soja- oder Hirsemehl oder Weizenvollkornmehl benutzt wird. Oder wenn noch würzende Zutaten enthalten sind.

Spaghetti kochen

N

Mit diesem Mess-Stab kannst du Spaghetti abmessen. Sind Nudeln Beilage, nimm 100 g, zum Sattessen 120–150 g pro Kind. Also ganz einfach: Für 4 Kinder nimmst du 1 Packung!

Pro 100 g Nudeln 1 l Wasser und 1 TL Salz in einen großen Topf geben. Das Wasser zum Kochen bringen. Die Nudeln erst ins kochende Wasser geben!

Einmal umrühren, damit sie nicht aneinander kleben. Den Deckel nicht ganz auflegen, damit das Wasser nicht überkocht. Die Hitze kleiner schalten und aufpassen, dass nichts überkocht. Gare Nudeln nennt man bissfest oder »al dente«.

In der Spüle ein Sieb bereitstellen. Den Nudeltopf mit Topflappen anfassen und vorsichtig in das Sieb gießen. Dabei immer von dir weg schütten, sonst könntest du dich verbrühen. Etwas Olivenöl oder ein Stückchen Butter zugeben.

Wie lange müssen Nudeln kochen?

So wie hier Spaghetti werden alle Nudeln gekocht. Die Zubereitungsdauer steht immer auf der Packung. Lies vor dem Kochen genau nach und stelle die Eieruhr. Denn weiche Nudeln sind klebrig und gar nicht mehr lecker.

Klebrige Nudeln?

Wenn die Nudeln etwas länger stehen, kleben sie aneinander. Gib dann eine Kelle kochend heißes Wasser darüber – schon flutschen sie wieder.

Und was gibt es dazu?

Unsere Pastasaucen sind im ganzen Buch verstreut. Suche dir eine aus: Sauce Bolognese › 43, Tomatensauce › 64, Käsesauce › 64, Möhrensauce › 103, Spinatsauce › 137, Carbonara › 131 oder Pesto › 91. Du kannst die Spaghetti aber auch nur mit frisch geriebenem Parmesan und etwas Butter oder Olivenöl und Zitronensaft servieren.

Wie kommt die Farbe in die Nudeln?

Ähnlich wie beim Marzipan (› 111). Das heißt: Tomatenmark, Paprikapulver und Rote Bete färben Nudeln rot, Kräuter und Spinat grün, Safran gelb und echte Tinte vom Tintenfisch schwarz. Schmecken tut man aber kaum etwas davon.

Nudeln aus Fernost

Soba-Nudeln sind eine japanische Spezialität. Sie bestehen aus sehr feinem Buchweizenmehl, sind dünn und Spaghetti ähnlich und haben eine hellgraue Färbung.
Glasnudeln sind nicht aus Getreide, sondern aus Speisestärke (› 61), sehen durchsichtig weiß aus und müssen nur heiß überbrüht werden.
Reisnudeln sind etwas gelblicher und ähneln Weizennudeln.
Chinesische Eiernudeln sind lange, flache Endlosnudeln, in kleinen rechteckigen Paketen zusammengekräuselt. Sie haben meist eine Kochzeit von nur 2–3 Min.

Zutaten für 4 Kinder:

1 Bund Suppengrün
1 Zwiebel
1 Lorbeerblatt
5 Pfefferkörner
2 TL Salz
300 g Suppenfleisch
2–3 Möhren
etwa 150 g Buchstabennudeln
1 Bund Schnittlauch
Sojasauce

Suppe kocht man aus eher zähem Fleisch vom Rind (Suppenfleisch) oder Huhn (Suppenhuhn) oder aus Kalbs- und Rinderknochen. Das kostet Zeit. Schneller geht es, wenn du gekörnte Gemüsebrühe (Instant aus dem Glas) nimmst. Besser schmeckt es aber so.

Buchstabensuppe

> Das Suppengemüse waschen, putzen und grob zerschneiden. Die Zwiebel schälen und halbieren. Alles mit 1 1/2 l Wasser, den Gewürzen und dem Fleisch in einen Topf geben und zum Kochen bringen. Dann die Hitze klein schalten und 1 1/2 Std. vor sich hin köcheln lassen.

> Die Suppe durch ein Sieb gießen – wie bei den Spaghetti. Die Möhren waschen, schälen und klein würfeln. Das Fleisch in kleine Würfel schneiden und dabei das Fett wegschneiden. Beides mit der Brühe zum Kochen bringen. Dann die Nudeln dazugeben und genau 10 Min. kochen lassen. In der Zeit den Schnittlauch waschen und in Röllchen schneiden.

> Die Suppe mit Sojasauce abschmecken und Schnittlauch darauf streuen.

‹

Für himmlisch leckere Nudelsuppen kannst du auch Sternchennudeln verwenden. Oder Fadennudeln, die sehr dünn sind und deshalb in der Suppe schnell gar werden.

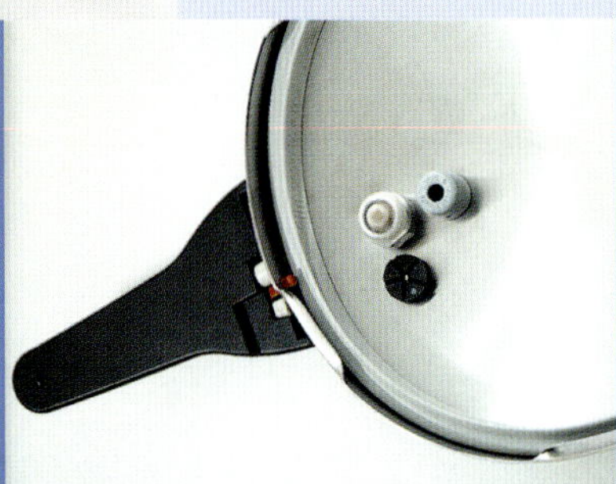

Tipp

Viel schneller kannst du Fleischbrühe im Schnellkochtopf (› 78) garen. Gib alle Zutaten wie angegeben in einen Schnellkochtopf. Verschließe ihn, stelle die Stufe 2 ein (die Stufe 1 ist eher für Gemüse gedacht) und setze ihn bei starker Hitze auf. Wenn im Topf der richtige Druck erreicht ist, wandert der »Nippel« im Deckel nach oben. Das heißt: Der richtige Druck ist erreicht. Dann die Hitze klein schalten. Nach 20 Min. ausschalten und warten, bis der »Nippel« völlig im Deckel versunken ist, dann ist der Druck wieder normal. In der Zeit kannst du schon mal Möhren und Schnittlauch vorbereiten. Nun vorsichtig den Deckel öffnen – und weitermachen wie im Rezept.

1 ›

Abwechselnd Lasagneblätter, Fleischsauce und Béchamelsauce in die Form schichten.

2 ›

Hackfleisch gut über die Nudelblätter verteilen.

3 ›

Nudeln mit Béchamelsauce bedecken, vor allem die Ecken, damit sie beim Backen nicht hart werden.

4 ›

Alles mit Parmesan bestreuen und ab in den Backofen.

Lasagne

> Zwiebel und Knoblauch schälen, fein würfeln und in einem Topf in dem Öl anbraten. Hackfleisch dazugeben und unter Rühren anbraten. Tomaten mit Saft einrühren und mit Salz, Pfeffer, Paprika und Tomatenmark würzen. Zugedeckt etwa 20 Min. köcheln lassen. Zum Schluss die Sahne unterrühren.

> Inzwischen für die Béchamelsauce in einem Topf Butter schmelzen lassen, Mehl einrühren. Den Topf vom Herd nehmen und nach 1 Min. die Milch einrühren. Zurück auf die Herdplatte stellen und unter Rühren aufkochen lassen. Mit Salz, Pfeffer, Muskatnuss und Zitronensaft würzen, die Sahne einrühren.

> Den Backofen auf 200° vorheizen. Eine große rechteckige Auflaufform mit Butter fetten. Abwechselnd die Lasagneblätter mit der Fleischsauce und der Béchamelsauce in die Form schichten **(Bild 1 und 2)**. Wichtig: Die Nudelblätter müssen gut mit Sauce bedeckt sein, sonst werden sie hart. Die oberste Schicht ist Béchamelsauce **(Bild 3)**, darauf geriebener Parmesan **(Bild 4)**.

> Die Lasagne in den Backofen (Mitte, Umluft 180°) schieben und in 40–50 Min. goldbraun backen.

Zutaten für 4 Kinder:

Für die Fleischsauce (› 43):
1 große Zwiebel
1 Knoblauchzehe, 1 EL Öl
300 g Rinderhackfleisch
2 kleine Dosen Pizzatomaten
1 TL Salz, Pfeffer
Paprikapulver, edelsüß
2 EL Tomatenmark, 3 EL Sahne

Für die Béchamelsauce (› 64):
2 EL Butter, 2 gehäufte EL Mehl
1/2 l Milch, 1 1/2 TL Salz
Pfeffer und Muskatnuss
1 Spritzer Zitronensaft
1 Schuss Sahne

Außerdem:
250 g Lasagneblätter
100 g frisch geriebener Parmesan
Butter zum Ausfetten der Form

N wie Nüsse

Nüsse sind Früchte oder Samen von Bäumen und Pflanzen. Sie enthalten extra viel wertvolles Fett, viel Eiweiß, Mineralstoffe und Vitamine, vor allem Folsäure, die die Pflanze und du zum Wachsen brauchen.
Für Vegetarier sind sie wichtig. Man kann Öl aus ihnen herstellen (› 32) oder sie pur knabbern. Aber Nüsse schmecken auch toll als Zutat in Salaten, Saucen, Suppen oder Aufläufen. Oder du machst Konfekt aus ihnen – wie das Marzipan.

Sesam öffne dich

Alle diese Samen sind ähnlich zusammengesetzt wie Nüsse – nur kleiner. Weil sie viel Fett enthalten, werden sie auch zu Öl gepresst.

› Grüne Kürbiskerne sind ohne Schale und schmecken ein bisschen räucherig.
› Sonnenblumenkerne enthalten extra viel Vitamin E.
› Mohn rösten, mitbacken oder kochen; roh kannst du ihn nicht essen.
› Leinsamen bringt die Verdauung in Schwung – aber gleichzeitig viel trinken!
› Sesam gibt es geschält, schwarz und als Vollkorn. Er enthält extra viel Folsäure, die fürs Wachstum wichtig ist.
› Die Kapseln des Sesamhalmes springen bei Reife wie von Zauberhand berührt auf.

Wie kriege ich Nüsse klein?

Wenn du Nüsse hacken willst, und kein Wiegemesser hast, ist ein großes, schweres Messer mit breitem Rücken geeignet. Während deine Arbeitshand den Griff hält, drückt die andere von oben auf die Klinge. Du musst beide immer leicht anheben und dann aufs Brett drücken.

Für grobe Stückchen ist ein Wiegemesser ideal: Je weicher die Nuss ist, desto besser geht es. Am besten ganz langsam wiegen, damit die Nüsse nicht wegspringen.

Feiner werden Nüsse mit dem Blitzhacker oder Pürierstab. Je nach Pürierzeit werden die Nüsse grob und locker oder fein und musig.

Wer knackt die Kokosnuss?

Gar nicht so einfach und ohne erwachsene Hilfe lieber nicht. Zunächst schütteln – ist noch Milch drin? Dann zwei der drei Augen an der Nussspitze mit Hammer und Schraubenzieher einstechen und die Milch ablassen. Nun die Nuss in den auf 180° vorgeheizten Backofen geben und etwa 30 Min. backen, bis die Schale kracht. Das Nussmark herausbrechen und – nach Wunsch – mit einem Sparschäler schälen.

Die Kokosmilch ist durchsichtig weißlich. Mit zunehmender Reife wird sie zu weißem Fruchtfleisch. Das heißt auch Kopra und wird frisch, als getrocknete Kokosflocken oder als Milch angeboten. Toll schmeckt Kokosreis: Dazu mischst du 50–100 g Kokosflocken unter den Reis, bevor er aufgegossen wird (› 119) – schmeckt toll! (Kokosfett › 31)

Nuss-Lexikon

Frisch einkaufen!
Verpackte Nüsse haben immer ein Mindesthaltbarkeitsdatum. Achte darauf und kaufe die frischesten Nüsse – die schmecken am besten.

Nüsse aufbewahren
Nüsse werden wie Öl schnell ranzig, weil sie meist sehr fettreich sind. Deshalb ist es besser, Nüsse im Ganzen zu kaufen, denn so sind sie vor Licht, Luft und Wärme geschützt. Bewahre sie am besten im Kühlschrank auf. Oder friere sie ein, wenn du sie nicht bald verbrauchst.

Schimmel!
Immer wieder wird vor Aflatoxin gewarnt. Das ist ein Schimmelpilz, der Krebs erregend ist und sich besonders gerne in Nussschalen verkriecht. Befallen sind vor allem Wal-, Para- und Erdnüsse sowie Pistazien. Deshalb ungeschälte Nüsse immer genau anschauen – wenn sie muffig riechen, feucht sind und du leichten Flaum siehst, lieber wegwerfen.

Maronen
Maronen sind Edelkastanien und mit mageren 4–5 % Fett ein super Snack. Sie werden zum Essen an der Spitze kreuzweise eingeschnitten und im Backofen bei 200° etwa 25 Min. gebacken. Du bekommst sie im Winter geröstet an Ständen.

So entfaltet sich das Aroma
Nüsse schmecken geröstet am besten. Dazu gibst du sie in eine beschichtete Pfanne ohne Fett und röstest sie bei mittlerer Hitze. Ständig rühren, sonst werden sie nur an einer Stelle braun oder verbrennen sogar. Sobald sie beginnen zu duften, sind sie fertig. Sofort in ein Schälchen umfüllen, sonst werden sie zu dunkel.

Nuss-ABC

Cashewnuss

Die Cashewnuss kommt ursprünglich aus Brasilien und hängt unten an einer birnenförmigen Frucht, die frisch gegessen wird. Sie ist die fettärmste Nuss, schmeckt leicht süßlich und passt toll zu Reis und Currygerichten.

Erdnuss

Erdnüsse sind eigentlich → Hülsenfrüchte. Meist werden sie schon in der Schale geröstet, denn roh sind sie bleich und mehlig. Aus Erdnüssen wird Erdnussbutter, ein toller Brotaufstrich, gemacht.

Haselnuss

Haselnüsse wachsen bei uns auch wild. Nussgebäck, Nougat und Krokant wird aus ihnen gemacht. Aus dem Haselholz, das dem germanischen Donnergott Thor geweiht war, wurden früher Wünschelruten und Zauberstäbe geschnitzt.

Macadamia

Die Macadamianuss ist rund und kommt aus Australien und Hawaii. Sie enthält wie die Paranuss so viel Fett, dass sie milde und relativ mürbe ist. Geröstet gut zu Gemüse und Salat.

Mandeln

Mandeln sind geschält süßlich, mit Haut schmecken sie leicht nach Zimt. Als gebrannte Mandeln werden sie mit Zucker geröstet. Bittermandeln enthalten giftige Blausäure, die durchs Backen unwirksam wird.

Pecannuss

Sie schmeckt ähnlich wie Walnuss, stammt aber vom nordamerikanischen Hickorybaum, hat eine glatte Schale und galt als Indianer-Nuss.

Pinienkerne

Pinienkerne kommen aus Italien und sitzen in ihrer Schale zwischen den Schuppen der Pinienzapfen. Sie sind relativ weich und werden schnell ranzig. Für Konfekt und Kekse sowie Pesto (› 91) sind sie ideal. Sie sind ziemlich teuer.

Pistazien

Pistazien sind als Dekoration so beliebt, weil sie schön grün sind. Sie schmecken süßlich und fein. Ihre Schale öffnet sich beim Trocknen von selbst. Im Orient und in Asien werden sie geröstet, gesalzen und als Knabberei gereicht.

Walnuss

Walnüsse schmecken frisch als Schälnüsse besonders gut, solange sich die Haut abziehen lässt. Heute kommen sie meist aus Kalifornien.

Marzipan selber machen

200 g Mandeln in einem kleinen Topf mit Wasser bedecken und zum Kochen bringen. Einmal aufkochen, dann 5 Min. abkühlen lassen. Durch ein Sieb gießen und mit kaltem Wasser abkühlen.

Der große Moment: Du kannst die Mandeln aus ihren Schalen drücken.

Mandeln mit 200 g Puderzucker in 2–3 Portionen im Blitzhacker pürieren. Dabei 1–2 TL Rosenwasser (aus der Apotheke) dazugeben. Das Marzipan mit den Händen durchkneten und einzelne Portionen abteilen.

Jetzt wird gefärbt. 2–3 EL Rote-Bete-Saft tropfenweise zugeben. Für Grün 2 Handvoll Spinatblätter (oder 2 EL tiefgekühlten Spinat) roh pürieren, den Saft durch ein Tuch auspressen und zum Marzipan geben. Für Gelb 1 Msp. Safranpulver in wenig heißem Wasser auflösen.

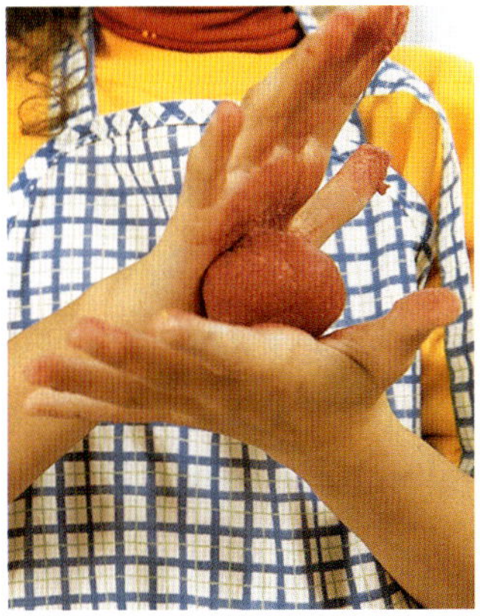

Das bunte Marzipan zu Figuren formen. Wenn es zu weich wird, noch etwas Puderzucker dazugeben.

Die Figuren zusammensetzen und noch dekorieren, z.B. mit Zucker- oder Schokostreuseln.

Konfekt-Lexikon

Marzipankartoffeln
Mache Kugeln aus Marzipan und rolle sie in echtem, entöltem Kakaopulver (› 133).

Bethmännchen
Ganze geschälte Mandeln in der Pfanne rösten (› 109). Jeweils 3 Mandeln um 1 Marzipankugel drücken, in Zucker wälzen und trocknen lassen.

Königsberger Marzipan
Das sind Pralinen aus purem Marzipan, die im Backofen so lange getrocknet werden, bis sie leicht bräunen. Teilweise werden sie mit Gelee verziert.

Marzipan-Dekor
Für die Verzierung von Torten ist es am einfachsten, bunt gefärbtes Marzipan zwischen 2 Blättern Frischhaltefolie 1/2–1 cm dick auszurollen. Dann die obere Folie abziehen und Formen ausstechen. Mit groß ausgerollten Marzipanplatten kannst du ganze Torten verkleiden.

Nugat
Nugat wird aus Haselnüssen oder Mandeln, Zucker und Kuvertüre (› 134) zu einer cremigen Masse gewalzt und ist fertig zu kaufen.

Türkischer Honig
Es gibt auch weißen Nugat, das ist türkischer Honig oder in Spanien Torrone und in Frankreich Nougat de Montélimar genannt. Er besteht aus weißer, fester Zucker- oder Honigmasse mit gerösteten Nüssen und Mandeln.

Krokant
Zucker wird mit gehackten Nüssen so lange erhitzt, bis der Zucker schmilzt und gelblich wird. Bei Erkalten wird die Masse hart und kann gehackt werden – fertig ist der Krokant.

O wie Obst

... oder F wie Früchte. Was wir so gerne essen, ist eigentlich nur eine saftig-süße Verpackung für den Samen.

Früchte sind »schnelle Energie«

In jeder Frucht sind Traubenzucker (nach der Weintraube so genannt) und Fruchtzucker enthalten. Sie werden fix verdaut und gelangen ins Blut, um überall im Körper zur Verfügung zu stehen. Gleichzeitig bringen die Vitamine und Bioaktivstoffe (› 5) unsere Zellen auf Trab.

Früchte und Milchprodukte

Ananas, Papaya und Kiwi enthalten Enzyme, die Eiweiß spalten. Sie verändern Milcheiweiß so, dass es bitter wird. Mit erhitzten Früchten, z.B. Dosenananas, passiert das nicht. Also: Ananas, Papaya und Kiwi erst im letzten Moment zum Müsli geben – und nie in eine Quarkspeise. Früchte, die viel Säure enthalten wie Zitrusfrüchte oder Kiwis, lassen bei Milch das Eiweiß gerinnen – deshalb gleich Joghurt oder Sahne verwenden, dann passiert nichts.

Warum werden Früchte braun?

Wenn du → Bananen, → Äpfel, Birnen, Pfirsiche, Nektarinen, Aprikosen, → Kirschen oder Pflaumen aufschneidest und einen Moment liegen lässt, verfärbt sich die Schnittfläche, sie wird braun. Grund: Enzyme in den zerstörten Fruchtzellen kommen mit dem Sauerstoff der Luft zusammen. Das aktiviert sie – sie wirken auf andere Stoffe ein, die Stelle wird braun. Bei anderen Früchten wie Kiwis oder Orangen passiert das nicht, weil deren Fruchtsäure die Enzyme blockieren. Das kannst du beim Kochen auch tun: Zitronensaft auf den Früchten verhindert das Braunwerden.

So werden Früchte konserviert

Obst schmeckt am besten roh – aber sein zartes Fruchtfleisch verdirbt schnell. Um es haltbar zu machen, als Vorrat für den Winter, ließen sich unsere Vorfahren einiges einfallen.

Trocknen

Früher schob man Obst nach dem Brotbacken in den noch warmen Ofen oder fädelte es in Scheiben auf und hängte es an eine warme, trockene Stelle in der Stube. Es wurde dunkel und etwas hart. Essfertiges Trockenobst wird zusätzlich behandelt und schmeckt weich. Helle Sorten wie Apfelringe, Aprikosen und Rosinen sind geschwefelt.

Kandieren

Dabei werden dicke Obstschalen von z. B. Orangen oder Zitronen in Zuckerlösung eingelegt und dann getrocknet. Orangeat und Zitronat sind aus Schalen spezieller Früchte gemacht.

Kompott

Das Einkochen in Zuckerwasser heißt auch Einwecken, weil ein Herr Weck die Weck-Gläser mit den Gummiringen für den Haushalt erfunden hat. Auch Dosen- oder Glasobst sind nach dem Prinzip hergestellt.

Tiefkühlen

Die schonendste Konservierung von Obst, perfekt für → Beeren. Wichtig ist, die Früchte auf einem Brett nebeneinander liegend einzufrieren und sie erst gefroren in eine Tüte zu packen. Dann hängen sie nicht aneinander und du kannst sie einzeln entnehmen.

Konfitüre, Marmelade, Gelee, Mus

Aus Obst kann man Marmelade, Konfitüre oder Gelee kochen (› 139). Werden die Früchte lange gekocht, werden sie zu Mus. Verwendet wird meist Gelierzucker (› 150), der Pektin (› 6) zum Gelieren enthält. Wird mehr Frucht als Zucker eingekocht, dann muss ein Konservierungsmittel wie Sorbin- oder Zitronensäure zugegeben werden (› Klappe D).

Saft/Sirup

Saft wird aus Früchten gepresst. Heiß abgefüllt (= pasteurisiert, › 98) ist er haltbar. Mit Zucker gemischt, wird er zum Sirup. Wird Saft immer weiter eingekocht, hat man bräunlichen Dicksaft (› 139).

Wein & Schnaps

Wenn Saft gärt, wird er zu Wein. Oder man kann Schnaps daraus brennen.

Essig

Aus Wein wiederum wird Essig (› 129).

Obst-Lexikon

Kernobst
Äpfel, Birnen und Quitten, die alle ein Kerngehäuse mit kleinen Kernen haben.

Steinobst
Kirschen, Pflaumen, Zwetschgen, Aprikosen, Pfirsiche, die alle einen Stein im Inneren haben.

Südfrüchte
Alle Früchte, die nicht hier zu Lande gedeihen, also Mittelmeerfrüchte und Exoten.

Zitrusfrüchte
Alle Früchte der Gattung Zitrus: Orangen, Mandarinen, Grapefruits, Pampelmusen, Pomelos, Zitronen, Limetten und die kleinen »Mini-Orangen« Kumquat.

Trockenfrüchte
Ein Wundermittel gegen »Darmträgheit«, so heißt Verstopfung medizinisch, sind Trockenfrüchte. Weiche sie am besten über Nacht in Wasser ein – gerade bedeckt – und gib sie morgens in dein Müsli. Oder iss sie frisch und trinke viel dazu, nur dann können sie ihre Darm putzende Wirkung entfalten. Besonders gut wirken essfertige Trockenpflaumen.

Zitronenschale: bitte unbehandelt
Zitronen, Limetten und Orangen enthalten im farbigen Teil der Schale ätherische Öle, die ein intensives Aroma geben. Deshalb werden sie gerne fein gerieben oder in Streifen an Speisen gegeben. Pass auf, dass du nichts vom bitteren weißen Schalenteil erwischst. Wichtig: Die Frucht darf nicht mit Zusatzstoffen behandelt sein. Es muss draufstehen »unbehandelt«. Zusätzlich solltest du sie mit warmem Wasser abwaschen und trockenreiben.

Obst ABC

Der schönste Nachtisch aus diesen Früchten ist natürlich ein Obstsalat. Du wählst 3–4 unterschiedliche Sorten, wäschst oder schälst sie, schneidest sie klein und mischt sie mit Zitronensaft und etwas Süße (> 139).

Ananas

Sie kommt aus den Tropen und wächst wie eine Blüte an niedrigen Stauden. Reif ist sie, wenn die Schale süßlich duftet. Zum Essen schneidest du sie am besten in Scheiben. Danach Schale und Strunk von jeder Scheibe entfernen.

Aprikose

Aprikosen wachsen in den Mittelmeerländern, Iran und China. Sie enthalten viel Calcium, Eisen, Vitamin C und A. Frisch schmecken sie nur richtig reif. Auch getrocknet, als Kompott und als Konfitüre toll.

Granatapfel

Der Granatapfel gab der spanischen Stadt Granada ihren Namen. Essbar sind das hellrote Fleisch der Samenhülle und die Samen. Der weiße Bast ist bitter. Grenadine ist Sirup aus Granatapfelsaft.

Grapefruit/ Pampelmuse

Sie schmeckt etwas bitter, regt den Appetit an und fördert die Verdauung. Du kannst sie auspressen oder halbieren und das Fruchtfleisch herauslöffeln. Ziemlich süß sind rosa Grapefruits, Pampelmusen sind bitterer.

Kiwi

Kiwis kommen aus Neuseeland und Südeuropa. Sie enthalten viel Vitamin C und E. Sie sind reif, wenn sie auf Druck mit dem Finger leicht nachgeben. Kiwis kannst du halbieren und auslöffeln oder schälen und in Scheiben schneiden.

Kumquat

Kumquat ist die kleinste Zitrusfrucht. Die Chinesen essen sie mit Schale. Man kann sie auch gut kochen; dazu schneidest du sie in Scheiben und entfernst dabei die Kerne. Es gibt Kumquats auch kandiert.

Birne

Birnen sind reif weich und süß – sie haben kaum Säure. Sie sind empfindlich und lassen sich nicht lange aufbewahren. Birnenkompott hilft bei Magenproblemen.

Dattel

Sie wachsen an Riesenrispen der afrikanischen Dattelpalmen, enthalten viel Zucker und werden größtenteils getrocknet. Frische Datteln sind frisch aufgetaut – sie werden nach der Ernte eingefroren. Die Schale isst man mit.

Feige

Feigen kannte man lange nur getrocknet, als Ring oder Rad verpackt. Frische Feigen aus dem Mittelmeerraum werden halbiert und ausgelöffelt oder geschält verzehrt. Ihr Fruchtfleisch ist rötlich und ein wenig grießelig.

Kaki

Kaki schmeckt erst, wenn sie fast überreif ist: richtig süßlich und ein bisschen wie Tomate mit Aprikose. Man isst Kaki roh und ohne Schale. Mit Milchprodukten püriert gibt sie eine Creme. Die Sharonfrucht ist eine milde Züchtung.

Karambole (Sternfrucht)

Ihr Name kommt daher, dass der Querschnitt wie ein Stern aussieht. Sie wird roh und mit Schale gegessen. Sie schmeckt wie Stachelbeere, aber knackiger und hat kaum Kerne. Eine unreife Frucht reift nach, bis sie gelb ist.

Kapstachelbeere (Physalis)

Sie hat ihren Namen von der Anbauregion, dem Kap der guten Hoffnung in Südafrika – dabei stammt sie aus Südamerika. Sie heißt wegen ihrer Hülle, die nicht essbar ist, Lampionfrucht. Die Kirsche selbst schmeckt säuerlich.

Limette

Sie ist milder als die Zitrone und klein und grün. Limetten ebenso wie Zitronen nicht im Kühlschrank lagern und möglichst frisch auspressen.

Litchi

Die suptropische Frucht schmeckt zart süß. Die Schale wird, wie bei einem gekochten Ei, abgepellt. Das Fruchtfleisch ist glatt und glibberig, den Kern nicht mitessen. Litchi-Kompott ist ein beliebter China-Nachtisch.

Mandarine/ Clementine

Die Mandarine stammt aus Vietnam und ist die »Mutter« vieler kleiner Zitrusfrüchte wie Clementinen, Satsumas und Tangerinen. Sie werden roh gegessen oder geschält als Kompott in Dosen eingemacht.

Mango

Mango erst schälen, dann das Fruchtfleisch vom Kern schneiden. Reife Mango duftet stark und gibt auf Fingerdruck nach. Das indische Mango-Chutney wird aus unreifen Mangos gemacht und ist süß-sauer.

Maracuja (Passionsfrucht)

»Passionsfrucht« kommt daher, weil Staubgefäße und Stempel der Blüte wie das Kreuz und die Dornenkrone Christi aussehen. Man isst das unglaublich aromatische Innere mit Kernen. Maracuja ist in vielen Säften.

Melone

Melonen sind mit Kürbis verwandt. Zu den kleinen süß-aromatischen Zuckermelonen zählen die Honig-, Netz-, und die orangefleischige Cantaloup-Melone. Die rotfleischige Wassermelone ist besonders wasserreich.

Orange

Die Bezeichnung »Apfelsine« ist holländisch und bedeutet »Apfel, der aus China stammt«. Die Bitterorange ist die »Urmutter«. Es gibt zahllose Orangensorten.

Papaya

Papaya schmeckt melonenartig und enthält kaum Säure. Sie ist reif, wenn die Schale auf Druck nachgibt und gelb ist. Zum Essen Papaya halbieren, schwarze Kerne entfernen, Hälften mit Limettensaft beträufeln und auslöffeln.

Pfirsich

Er stammt aus China. Pfirsiche haben eine pelzige Schale. Es gibt weiß- und gelbfleischige Sorten. Am besten schmecken sie frisch, du kannst sie aber auch als Kompott kaufen.

Rhabarber

Er ist ist eigentlich ein Gemüse und mit dem Sauerampfer verwandt. Die rosaroten Stiele bekommst du im Frühjahr bis Ende Juni. Sie enthalten viel Oxalat (› 136) und sind sehr sauer. Deshalb isst man sie meist als Kompott.

Trockenfrüchte

Sie sind meist noch recht saftig. Apfel und Aprikose bleiben nur hell, wenn sie geschwefelt (› 113) werden. Alle enthalten viel Traubenzucker und sind gut für die Verdauung, wenn du dabei genug trinkst.

Weintrauben

Sie sind das wichtigste Obst Europas: Wein bedeutete Handel und Reichtum. Trauben schmecken auch getrocknet (Rosinen, Korinthen). Aus dem Kernen wird Öl gepresst. Die Blätter werden eingesalzen und gefüllt gegessen.

Mirabelle/ Reineclaude

Die Mirabelle gehört zur Familie der Pflaumen. Sie ist klein, rund und gelb und hat manchmal rote Sprenkel. Sie ist fest, zuckersüß und löst sich gut vom Stein. Leider kann man sie kaum mehr kaufen.

Nektarine

Ob sie wirklich eine Kreuzung aus Pfirsich und Pflaume ist, weiß man heute nicht mehr. Jedenfalls hat sie die glatte Haut und Säure der Pflaume und Stein, Größe sowie Färbung vom Pfirsich. Sie schmeckt am besten roh.

Pflaume

Ihr Fruchtfleisch lässt sich nicht so leicht vom Stein lösen wie das der Zwetschge. Deshalb sind Pflaumen am besten zum so Essen. Ihr Fruchtfleisch ist süß. Getrocknete Pflaumen sind eine Delikatesse.

Quitte

Sie ist gelb, hart und essbar als Kompott, Gelee oder Quittenbrot. Dazu wird Quitte zu Mus gekocht, mit Zucker vermischt, zu Konfekt geformt und getrocknet. In Spanien kann man süßen »Quittenkäse« vom Stück kaufen.

Zitrone

Sie wächst überall im Mittelmeerraum, wo es richtig warm ist. Man verwendet den Saft und die Schale (› 113). Sie gibt kalten und warmen Gerichten gesunde Säure.

Zwetschge

Sie kann man gut vom Stein lösen, deshalb werden Zwetschgen für Kompott, Mus und Kuchen verwendet. Ihr Geschmack ist etwas säuerlich.

Frisch und knackig

Frisches Obst erkennst du an einer prallen Schale – wenn es länger liegt, wird die nämlich etwas schrumpelig. Es sollte keine Druckstellen haben – erst recht keine faulen oder schimmeligen Stellen. Denn das Pilzgewebe und der faulige Geschmack ziehen sich durch die ganze Frucht. Sie ist ungenießbar – wegschneiden reicht nicht.

Obst richtig aufbewahren

Am besten Früchte mit einigem Abstand voneinander auf ein Tablett in einem kühlen Raum aufbewahren. Dickschalige Südfrüchte kannst du stapeln, Bananen und Äpfel, die Äthylen ausscheiden (› 7), extra lagern. Deine Tagesration gewaschen in einer Obstschale so bereitstellen, dass jeder davon naschen kann.

Welche Früchte reifen nach?

Sicher hast du schon bemerkt, dass Obst manchmal beim Liegen reifer wird und anderes noch unreif zu faulen beginnt. Das ist kein Zufall. Die meisten Früchte reifen nach dem Pflücken nach, → Beeren (außer Heidelbeeren), Zitrusfrüchte, → Kirschen und Trauben aber nicht. Auch Früchte, die zu unreif geerntet wurden, werden beim Liegen nicht mehr süß und saftig. Achte also beim Einkauf darauf, dass sie schon einigermaßen reif sind.

Je dicker die Schale ...

... desto haltbarer ist Obst. Denn die Schale schützt das saftige Innere vor dem Austrocknen. Viele Südfrüchte haben dicke Schalen zum Schutz vor tropischer Sonne: Zitrusfrüchte, Ananas, Melone, Granatapfel und Maracuja bleiben deshalb ohne Probleme 1–2 Wochen frisch.

R wie Reis

Keiner weiß genau, seit wann Reis angepflanzt und gegessen wird. Die ältesten Reiskörner, die man gefunden hat, sind fast 10 000 Jahre alt. Für uns ist Reis eine ganz normale Beilage. In Asien bestimmt er das Leben. So begrüßen sich Thailänder mit dem Spruch: »Hast du heute schon deinen Reis gehabt?« Und in vielen asiatischen Sprachen heißt Essen einfach: Reis. Ein bisschen Reismagie gibt es aber auch bei uns: Brautpaare werden mit Reis beworfen, wenn sie aus der Kirche kommen. Das soll Geld- und Kindersegen bringen!

Wie Reis wächst

Die meisten Reispflanzen wachsen im Wasser. In Asien werden die Felder mit der Hand bearbeitet wie früher. Die Chinesen hielten Karpfen und Enten auf den Reisfeldern: Die Karpfen aßen alle Mücken und Insekten auf, die Enten das Unkraut, die Schnecken und Würmer. So konnte mit einem Stück Land Reis, Geflügel und Fisch erzeugt werden. Als der Reisanbau nach Italien in die Po-Ebene kam, vergaß man die Fische und dadurch entstand eine Mückenplage und Malaria breitete sich aus. In USA und Kanada wird der Reis in riesigen Plantagen mit Maschinen angebaut. Der meiste Langkornreis in unseren Läden kommt aus solchen Betrieben. In den Dritte-Welt-Läden wird Reis von Bauerngemeinschaften so verkauft, dass diese auch etwas davon haben.

Was aus Reis gemacht wird

In Asien wird fast alles aus Reis gemacht. Die meisten Spezialitäten findest du im Chinaladen: Reisnudeln – Reispapier für Frühlingsrollen – Reis-Crispies – Reiswaffeln – Reisflocken für Babynahrung – Reismehl – Puffreis – Puffreis-Brot – Reis-Knabbergebäck – Reis-Essig – Reiswein (Sake) – Reisschnaps und sogar Reisbier.

Essen mit Stäbchen – keine Zauberei

Am besten geht es mit nicht so rutschigen Stäbchen und Klebreis.

Das untere Stäbchen wird vom Mittelfinger gegen Ringfinger und kleinen Finger gedrückt, die still bleiben. Das obere Stäbchen wird wie ein Stift von Daumen und Zeigefinger gehalten.

Du bewegst vor allem das obere Stäbchen, um den Reis in die Zange zu nehmen. Dabei darfst du ausnahmsweise nah über dem Schälchen hängen – nach chinesischer Art.

Probiere es aus, aber nimm es nicht so streng – du kannst den Reis auch wie Leonard einfach auf die Schippe nehmen ....

Vollkorn, parboiled oder Weißreis?

Reis ist ein → Getreide – und genauso ist sein Korn aufgebaut: mit weichem Mehlkörper innen, der z.B. den Milchreis so schön matschig macht. Einem Keim, aus dem eine neue Pflanze wachsen kann. Der Silberhaut, die ein echter Nahrungsschatz ist und der darüberliegenden Hülse. Die ist nicht essbar und wird beim Dreschen entfernt. Dieser Reis heißt Vollkornreis und braucht gut 45 Minuten zum Garen. Er sieht bräunlich aus und schmeckt nach Nuss. Wird das Korn poliert, hat man am Ende Weißreis ohne Häutchen und Keim. Er ist in ungefähr 15 Minuten gar. Leider enthält er nur noch wenige Vitamine und Mineralstoffe. Um das zu ändern, wurde das »parboiling-Verfahren« erfunden. Der Vollkornreis wird dazu mit Heißdampf behandelt. Dadurch wandern die Schätze der Silberhaut ins Korn, so bleiben sie beim Polieren erhalten. Außerdem versiegelt der Dampf das Korn – es bleibt körnig und ist auch in 15 Minuten gar.

Körnig oder klebrig?

Wenn du mit Stäbchen essen möchtest, nimmst du natürlich Weißreis, am besten Klebreis. Auch wenn du Reistürmchen oder Klöße oder süße Reisgerichte kochst, sollte der Reis ein bisschen klebrig sein. Mit Vollkornreis funktioniert es auch.
Am einfachsten für pikante Reisgerichte ist der körnig kochende parboiled Reis – bei ihm kann nichts schief gehen.

Reis-Lexikon

Lang, mittel oder rund?
Die über 100 000 Reissorten kann man in drei große Gruppen teilen: Langkornreis – dazu gehört Patna- oder Basmatireis. Dann Mittelkornreis, dazu gehören der Risotto-Reis aus Italien (Arborio) und der Rote Reis aus Frankreich. Er ist für saftige Risottos geeignet. Aus dem weichen Rundkornreis wird Milchreis gekocht und die spanische Paella.

Wildreis
Die schwarzen langen Körner sind kein Getreide, sondern die Samen eines nordamerikanischen Wassergrases. Die Indianer fahren im September mit ihren Kanus in die Wildreisfelder und ernten die Körner per Hand. Die werden dann geröstet und gedroschen. Beim Kochen braucht Wildreis die vierfache Menge Wasser und 45 Minuten Quellzeit. Es gibt ihn auch speziell bearbeitet, mit Weißreis gemischt, dann ist er schneller gar.

Beri-Beri
Das ist eine Krankheit, die eng mit Reis zusammenhängt. Vor über 100 Jahren beobachtete ein Arzt in Indonesien, dass seine Patienten, die statt des üblichen Vollkornreis weißen Reis aßen, schwer krank wurden und sogar starben. Es musste ein Zusammenhang mit dem Reis, dem Hauptnahrungsmittel der Indonesier, bestehen. Erst 1926 wurde ein Vitamin dafür verantwortlich gemacht, das Vitamin B1 (Thiamin), das im weißen Reis fehlt.

Beim Milchreis musst du höllisch aufpassen, dass er nicht anbrennt. Schwenke deshalb den Topf vor dem Kochen mit kaltem Wasser aus.

Milchreis mit Sirup

Zutaten für 4 Kinder:

200 g Milchreis

750 ml Milch

1 Prise Salz

1–2 TL Zucker

150 ml Himbeer- oder Kirschsirup

> Milchreis mit der Milch und dem Salz in einen Topf geben und zum Kochen bringen. Die Hitze herunterschalten. Den Reis zugedeckt bei ganz schwacher Hitze etwa 30 Min. ausquellen lassen. Dabei gelegentlich umrühren.

> Den Milchreis mit dem Zucker abschmecken. Wer mag, isst ihn warm. Sonst stellst du ihn kalt und servierst ihn mit dem Sirup.

Tomatenrisotto

Zutaten für 4 Kinder:

1 EL Öl oder Butter

200 g Risottoreis

1/2 l Tomatensaft

Salz, 1 Prise Pfeffer

> Das Öl in einem Topf erhitzen. Den Risottoreis dazugeben und bei mittlerer Hitze glasig dünsten **(Bild 1)**. Den Tomatensaft probieren – ist er ungesalzen, musst du noch 1 1/2 TL Salz dazugeben. Schalte die Hitze jetzt niedriger.

> Den Reis mit so viel Saft ablöschen, dass er gerade eben damit bedeckt ist. Ist die Flüssigkeit verdampft, wieder aufgießen. Es sollte immer so viel Flüssigkeit im Topf sein, dass der Reis gerade bedeckt ist. Und immer wieder kräftig umrühren.

> Nach 20 Min. sollte die gesamte Flüssigkeit fast verkocht und der Reis weich und saftig sein. Wenn schon alle Flüssigkeit verdampft, aber der Reis noch nicht gar ist, gib noch etwas Wasser dazu. Das Risotto mit Pfeffer und eventuell mit Salz abschmecken. Passt toll zu Steaks (› 45).

1 ›

Glasig ist der Reis, wenn er leicht durchsichtig aussieht.

Risotto muss »matschig« und saftig sein. Es braucht deshalb mehr Flüssigkeit als »normaler« Reis.

Am einfachsten gelingt der gebratene Reis im chinesischen Wok, der halbrunden Riesenpfanne. Du kannst aber auch eine etwas höherrandige Pfanne verwenden.

Gebratener Chinareis

Zutaten für 4 Kinder:

280 g parboiled Reis
2 TL Salz
2–3 getrocknete Mu-Err-Pilze (Asienladen)
1 kleine rote Paprikaschote
1 kleine gelbe Paprikaschote
2 Frühlingszwiebeln
1 Knoblauchzehe
100 g gekochter Schinken in Scheiben
2 EL Öl
100 g frische Sojasprossen
3–4 EL Sojasauce
2 Prisen Pfeffer

> Den Reis in einem Topf erwärmen, mit 1/2 l Wasser ablöschen und aufkochen lassen. Das Salz dazugeben, Deckel auflegen und den Reis bei schwacher Hitze in etwa 20 Min. ausquellen lassen.

> Inzwischen die Pilze in einer Schale voll Wasser einweichen. Anschließend mit den Händen klein zerpflücken. Das Gemüse waschen. Paprika putzen, dabei Stiele und Kerne entfernen. Die Schoten in Streifen schneiden. Die Frühlingszwiebeln putzen und in feine Ringe schneiden. Den Knoblauch schälen. Den Schinken in Würfel schneiden.

> Im Wok oder der Pfanne das Öl erhitzen. Zuerst Paprika unter ständigem Rühren bei starker Hitze kräftig anbraten **(Bild 1)**. Die Knoblauchzehe hineinpressen. Sojasprossen, Pilze und Frühlingszwiebeln hinzufügen, weiterbraten **(Bild 2)**. Mit Sojasauce und Pfeffer würzen. Zum Schluss den Schinken und den Reis dazugeben, alles gut verrühren und noch einige Minuten heiß braten.

1 ›

Gemüse nach und nach einschütten.

‹ 2

Wichtig: Die Hitze muss stark sein und du musst ständig rühren, damit nichts anbrennt.

Reis kochen

Für Reis als Beilage oder Nachtisch brauchst du 50–60 g pro Kind, für eine Hauptmahlzeit 60–80 g. Den Reis in einem Topf bei mittlerer Hitze mit oder ohne Fett andünsten, nicht braun werden lassen. Dann die Flüssigkeit dazugeben – immer doppelt so viel wie Reis. Nimmst du Wasser, muss noch Salz dazu, bei Brühe nicht. Aufkochen und bei schwacher Hitze zugedeckt ausquellen lassen – wie lange, steht auf der Packung.
Für ein Reistürmchen (Bild › 47 unten rechts) eine kleine Tasse mit Wasser ausschwenken, gegarten Reis einfüllen, festdrücken und glatt streichen. Einen Teller darauf legen, umdrehen und die Tasse hochheben.

S wie Salat

»Da haben wir den Salat.« Und tatsächlich: Ein Salat ist ein »Durcheinander« aus zerkleinertem Gemüse, Fleisch, Kartoffeln, Getreide, das Gericht der unbegrenzten Möglichkeiten, das fast immer kalt gegessen wird. Das Chaos auf dem Teller wird durch eine kalte Sauce, die man auch Dressing nennt, verbunden. Ein Salat kann Beilage oder Hauptgericht sein. Das Tolle: Die meisten Zutaten sind roh. Gleichzeitig ist Salat auch eine Blattpflanze.

Was noch alles in den Salat kann

Salate lassen sich aus beliebig vielen Zutaten mischen und zusammenstellen: Kräuter wie Petersilie, Schnittlauch und Estragon geben Aroma.
Gekochtes wie Kartoffeln, Reis, Nudeln macht den Salat zum Sattmacher. Gebratene Putenstreifen oder gekochtes Rindfleisch, Schinken, Wurst, Krabben, Tunfisch, hart gekochte Eier, Hartkäse machen aus dem Salat eine komplette Mahlzeit.

Was den Salat verbindet: Dressings

Würze und Geschmack im Salat bringt das Dressing. Grundzutaten sind immer → Saures (Essig oder Zitronensaft), → Fett (Öl, Mayonnaise, Sahne, Joghurt) und → Salz. Außerdem können → Kräuter, Würzmittel und → Gewürze hinein. Im Norden liebt man den Salat mit einer süßen Salatsauce, im Süden dagegen muss sie pikant sein. Ob das Dressing die richtige Würze hat, kannst du testen, indem du ein Salatblatt in die Sauce tunkst und probierst. Dann kannst du die Sauce noch nachwürzen.

Salat putzen und waschen

Vom Salat die äußeren Blätter entfernen, denn sie haben oft Macken vom Transport. Dann Blatt für Blatt abzwicken, harte Rippen entfernen und dabei das Blatt in mundgerechte Stücke pflücken (Ausnahmen findest du im ABC) und ins Spülbecken geben.

Kaltes Wasser über die Hand ins Becken laufen lassen, dann werden die Blätter nicht vom Wasserstrahl getroffen. Blätter waschen (sehr erdige 2–3 mal). Abgepackte Salatmischungen immer waschen, denn in der Packung können sich Keime bilden.

Sofort nach dem Waschen den Salat in einem Sieb abtropfen lassen oder in einer Salatschleuder trockenschleudern. Dann kann das Dressing etwas dünnflüssiger sein.

Grundrezept Vinaigrette

1 EL Senf, 1 TL Salz, 2 Prisen Pfeffer und 3 EL Essig in einen Mixbecher geben. 5 EL kaltgepresstes Öl (z. B. Walnussöl) dazugeben.

Den Becher verschließen und alles gut durchschütteln. Zum Schluss 1 EL Schnittlauch, Zwiebeln oder Kräuter unterrühren. Cremiger und etwas fettärmer wird die Vinaigrette, wenn du nur 2 EL Öl, aber zusätzlich 3 EL Sahne nimmst.

Die Salatblätter erst kurz vor dem Essen mit dem Dressing mischen, denn die Säure und das Salz in der Sauce entziehen ihm Wasser. Er fällt zusammen, die Blätter sehen matschig aus.

Salat-Lexikon

Salat frisch halten
Die zarten Blätter welken schnell. Auch in einer Plastiktüte im Gemüsefach des Kühlschranks bleiben sie höchstens 2–3 Tage frisch.

Nitrat
Blattsalate, vor allem Kopf-, Eisberg und Feldsalat, enthalten Nitrat, besonders, wenn sie aus dem Treibhaus kommen – meist im Winter. Durch Sonne und Licht wird das Nitrat zu Eiweiß (› 5) umgewandelt. So ist der Nitratgehalt in den inneren Blättern höher als in den äußeren, die ja ausreichend Sonne abbekommen haben. Höhere Nitratgehalte haben auch Strunk und Blattrippen. Am besten entfernst du sie beim Putzen. Nitrat selber ist nicht schädlich, aber es wird leicht zu den gesundheitsschädlichen Nitrit und Nitrosaminen (› 136).

Wildsalate
Sie haben mindestens doppelt so viele Vitamine und Bioaktivstoffe wie ihre zahmen Vettern. Einige wachsen im Garten, auf Wiesen und im Wald. Pflücke nie vom Weges- und Straßenrand und nur da, wo nicht gespritzt wird. Und wasche die selbst gesammelten Blätter gut. Du findest Wildsalate auch auf Bauernmärkten.
Sauerampfer schmeckt säuerlich herb.
Löwenzahnblätter sind bitter. In Frankreich heißt er »Piss-en-lit« – Bettnässer, weil er eine entwässernde Wirkung hat.
Junge **Brennnesselblätter** brennen noch nicht. Man nimmt die obersten, zarten Kelchblätter – das Dressing entschärft auch das letzte Brennen.
Bärlauch sieht aus wie die giftigen Maiglöckchen (Vorsicht!), hat aber ein intensives Knoblaucharoma. Riech also dran, bevor du erntest.
Rucola (› 124) gehört auch dazu.

Salat-ABC

Chicoree

Chicoree treibt im Winter im Keller aus Wurzeln. Den Strunk keilförmig aus der Staude schneiden (hier sitzen die Bitterstoffe) und die Blätter klein schneiden und mit Früchten süß-sauer anmachen oder zum Dippen nehmen.

Eisbergsalat (Eissalat)

Er stammt aus Kalifornien. Früher hielten Eisblöcke die Salatköpfe frisch – daher der Name. Er schmeckt knackig und bleibt am längsten frisch. Für die Zubereitung nur die Außenblätter putzen, den Kopf halbieren und klein schneiden.

Endiviensalat

Es gibt die Glatte und die Krause Endivie (heißt auch Frisée). Den gewaschenen Salat in feine Streifen schneiden und die Salatsauce mit Muskat und etwas Zucker würzen. Der Strunk ist sehr bitter und wird deshalb eher nicht verwendet.

Feldsalat

Feldsalat wird Rapunzel- oder Ackersalat genannt, in Baden Sonnenwirbele. Er wächst in Einzelpflänzchen im Winter auf dem Feld. Beim Putzen die Wurzeln abzwicken und die Blätter so lange waschen, bis aller Sand weg ist!

Kopfsalat/Eichblatt

Kopfsalat ist unser gebräuchlichster Salat und im Sommer am besten. Der Eichblattsalat hat keinen festen Kopf und rötlich gefärbte, besonders zarte Blätter, die der Eiche ähneln. Im Winter sind beide Salate ziemlich schlapp.

Lollo rosso/bianco

Er stammt aus Italien und ist rötlich (rosso) und hellgrün (bianco). Beide Sorten schmecken nussartig und sind besonders in Restaurants beliebt, da sie länger frisch bleiben.

Radicchio

Der rote Radicchio wächst in Norditalien auf dem Feld, es gibt eine Sommer- und eine Winterernte. Er kann ziemlich bitter sein, deshalb wird er meist mit anderen Salaten gemischt.

Römischer Salat

Er wird auch Romana- oder Bindesalat genannt und ist dem Ursalat am ähnlichsten, weil er keinen festen Kopf hat und sehr robust und knackig ist. Aus ihm wird der Original Caesar's Salad (› 125) gemacht.

Rucola

Rucola ist der italienische Name für Rauke und inzwischen ganzjährig auf dem Markt. Er wird im Bund verkauft. Der Geschmack ist würzig und kräftig bis scharf. Rucola fällt schnell zusammen. Schmeckt auch toll als Pesto (› 91).

Dieser Lieblingssalat der Amerikaner wurde von einem italienischen Einwanderer erfunden.

Caesar's Salad

Zutaten für 4 Kinder:

1 römischer Salat oder
1 kleiner Eisbergsalat
3 Scheiben Toastbrot
1–2 EL Butter
80 g gekochter Schinken in Scheiben
2 hart gekochte Eier
150 g Cocktailtomaten
3 EL Zitronensaft
1/2 TL Salz
Pfeffer
3 EL Olivenöl

> Den Salat putzen, die ganzen Blätter waschen und trockenschleudern. Die Blätter in mundgerechte Stücke zupfen.

> Mit einem Plätzchenausstecher Herzen aus dem Toast ausstechen (oder Toast würfeln). In einer Pfanne 1 EL Butter erhitzen und das Brot darin bei mittlerer Hitze knusprig rösten.

> Schinken in Streifen schneiden. Eier pellen, halbieren und vierteln. Tomaten waschen, halbieren und die Stielansätze herausschneiden. Alles in einer Schüssel mischen.

> Den Zitronensaft mit Salz, Pfeffer und Olivenöl gut verrühren, über den Salat träufeln. Eier darauf legen und mit den Croûtons bestreuen. Sofort servieren.

Nudelsalat mit Mayonnaise

Zutaten für 4 Kinder:

150 g Spiral-Nudeln, Salz
150 g tiefgekühlte Erbsen (oder Dosenerbsen)
100 g Fleischwurst am Stück
4 Essiggurken
6 Radieschen
2 EL Mayonnaise
3 EL saure Sahne (10 % Fett)
1 Prise Pfeffer

> Die Nudeln nach Packungsanleitung bissfest kochen (› 105). Ein Sieb in die Spüle stellen und die Nudeln in das Sieb abgießen. Mit kaltem Wasser übergießen (= abschrecken).

> Die Erbsen in einen kleinen Topf geben. 1 EL Wasser und 1 Prise Salz dazugeben und die Erbsen bei mittlerer Hitze in etwa 5 Min. gar kochen.

> Fleischwurst in kleine Würfel schneiden. Essiggurken in Scheiben schneiden. Radieschen waschen, Wurzelansätze und Grün abschneiden, dann vierteln oder achteln.

> Nudeln mit den Erbsen, Erbsenkochwasser, Fleischwurst, Essiggurken und Radieschen mischen. Mayonnaise mit der sauren Sahne, 2 Msp. Salz und Pfeffer verrühren, dann untermischen und abschmecken.

Du kannst statt der Erbsen auch rohe Paprikastückchen oder Möhrenraspel zum Nudelsalat geben.

S wie Salz

Ohne Salz können wir nicht leben, es ist ein Baustein unseres Körpers. Deshalb war es schon immer eine Kostbarkeit und wurde hoch geehrt. »Ihr seid das Salz der Erde«, sagt Jesus zu seinen Jüngern. Salz und Brot werden bei einem Einzug ins neue Haus überreicht. Ein Abergläubischer fürchtet Unglück, wenn ein Salzfass umgestoßen wird – dagegen hilft nur, ein paar der verschütteten Körnchen über die linke Schulter zu werfen. Salzig gehört zu den vier Geschmacksreizen, die unsere Zunge schmecken kann (› 4). Ohne Salz schmecken pikante Gerichte einfach nach nichts.

Woher kommt das Salz?

Alles Salz kommt ursprünglich aus dem Meer. Noch heute wird ein Drittel durch Verdunstung aus Meereswasser gewonnen: Dazu wird das Wasser in flache Seen, die Salzgärten, geleitet. Dort verdunstet das Wasser und das Meersalz bleibt als Kristall zurück.

Steinsalz liegt unter der Erde und wird in Bergwerken abgebaut. Es entstand vor Millionen Jahren durch das Eintrocknen ganzer Meere. Manchmal wird es auch von unterirdischen Wasserquellen als Sole an die Oberfläche geschwemmt und heißt Salinen- oder Siedesalz. Es wird durch Erhitzen, also Sieden, wieder aus Wasser gewonnen.

Die Salzstraßen

Salz war eine Kostbarkeit, die über lange Strecken transportiert wurde: die Salzstraßen. Die bekanntesten Salzstraßen in Deutschland gingen im Mittelalter von Halle an der Saale und Reichenhall aus. Orte, die mit dem Salzhandel zu tun hatten, erkennt man heute noch: Hall oder Salz im Namen deuten darauf hin. Aus den Handelspunkten wurden reiche Städte wie Lüneburg, München, Salzburg, Augsburg.

Getrocknete Kräuter machen Salz aromatisch.

Salzspezialitäten

Salz wird oft mit Gewürzen gemischt und würzt dadurch noch intensiver. Es gibt Selleriesalz, Kräutersalz, Knoblauchsalz, Zwiebelsalz oder Rauchsalz.

Salz-Kräuter selber machen

Wenn du Kräuter aus deinem Kräutergarten haltbar machen willst, kannst du sie auch einsalzen: Schichte jeweils einen Fingerbreit gehackte Kräuter und eine dünne, aber deckende Schicht Salz in ein Glas und bewahre es im Kühlschrank auf. Für Salatsauce kannst du dieses Kräutersalz nehmen – aber dann natürlich nicht mehr extra salzen.

Salz konserviert

Salz wurde immer schon benutzt, um Lebensmittel haltbar zu machen, z.B. werden Heringe und Sardellen eingesalzen oder auch Kapern. Kräuter wurden mit Salz in Töpfe geschichtet und blieben so über den Winter frisch. Bei Sauerkraut und Salzgurken leitet Salz die Milchsäuregärung (› 88)ein. Auch beim Pökeln (› 145) von Fleisch wird Salz verwendet.

Salz sparen

Würze erst mit wenig Salz und mehr Gewürzen und schmecke dein Gericht nachträglich lieber noch einmal ab. Der Salzstreuer auf dem Tisch ist eine Salzbombe, weil es unverdünnt auf die Speisen kommt!

Salz-Lexikon

Was ist Salz?

Salz ist ganz allgemein der Name für eine chemische Stoffgruppe, die im Boden, in Wasser und auch in Lebewesen enthalten ist. Aber eigentlich meinen wir Kochsalz, das aus den Mineralstoffen Natrium und Chlor zusammengesetzt ist und als NaCl (Natriumchlorid) bezeichnet wird.

Salzbedarf

Etwa 6 g Salz brauchen wir am Tag. Wenn wir stark schwitzen, ein bisschen mehr. Denn unser Schweiß enthält viel Salz. Aber meistens essen wir mehr Salz: 10–15 g. Das trägt bei empfindlichen Menschen zu einem hohen Blutdruck bei. Das meiste Salz siehst du gar nicht, es ist in Lebensmitteln wie Brot, Wurst und Käse »versteckt«.

Jod-Salz gegen den Kropf

Weil in Europa wenig Jod im Boden enthalten ist, leiden viele Menschen unter Jodmangel (→ Fisch). Deshalb wird Salz mit Jod angereichert. Versuche, nur mit Jodsalz zu kochen.

Fluor im Salz für die Zähne

Manchmal wird auch noch Fluor zugegeben – das stärkt die Zähne.

Versalzen – was tun?

Versalzene Gerichte zu retten, ist nicht einfach – am besten, du verdünnst sie mit etwas Wasser. Milch wirkt ebenfalls mildernd – aber Vorsicht, bei sauren Speisen gerinnt sie! Eine rohe, geschälte Kartoffel in Scheiben nimmt ebenfalls Salz auf – du lässt sie mitkochen und nimmst sie hinterher aus dem Topf. Auch mehrere Löffel Honig, am besten würziger Waldhonig, schwächen den Salzgeschmack. Am besten probierst du vor dem Salzen!

S wie Saures

Sauer macht lustig – obwohl wir erst einmal unser Gesicht verziehen, wenn wir in eine Zitrone gebissen haben. Aber im Nachhinein macht Saures wach, unser Verdauungssystem fit und Gerichte besser verträglich. Nur zu viel darf es nicht werden – sonst werden wir sauer! Saures kann auch Lebensmittel konservieren. Seit 5000 Jahren brauen die Menschen deshalb Essig.

Sauer ist ein Geschmack

Neben salzig, süß und bitter ist sauer der vierte Geschmacksreiz, den wir auf der Zunge spüren (› 4). Und weil das irgendwie lecker ist, gibt es saure Drops, Pommes oder Fische, Brausepulver und Essiggurken.

Was ist eine Säure?

Mit Hilfe der Chemie lässt sich eine Säure genau bestimmen. Je mehr positiv geladene Wasserstoff-Ionen (H+) eine Lösung hat, desto saurer ist sie. Das Maß dafür ist der ph-Wert. Das ist die Abkürzung für »Potentia Hydrogenii«, (= Wirksamkeit des Wasserstoff-Ions). Alles, was nicht sauer ist, heißt basisch – und nicht etwa süß. Die ph-Skala geht von 1 für stark sauer bis 14 für stark basisch. Neutral ist eine Lösung bei einem ph-Wert von 7.

Welche Säuren kann man essen?

In vielen Lebensmitteln kommen Säuren ganz natürlich vor. Obst enthält Fruchtsäuren wie Zitronen- oder Apfelsäure. Essig enthält Essigsäure. Joghurt und Käse enthalten Milchsäure (› 88, 127). Auch Vitamin C ist eine Säure, nämlich Ascorbinsäure. Bestimmte Säuren sind als Konservierungsstoffe für Lebensmittel wie Kartoffel- oder Fleischsalate zugelassen. Sie heißen Ameisensäure, Sorbinsäure oder Benzoesäure. Manche Menschen reagieren darauf allergisch. Es gibt auch lebensgefährlich starke Säuren wie die Salzsäure. Andererseits wird sie auch als Verdauungssaft in unserem Magen gebildet, der aber eine dicke Schutzschicht dagegen hat.

Essig

Essig gab's schon in biblischen Zeiten. Wahrscheinlich wurde er durch Zufall entdeckt – weil Wein offen stehen blieb. Nach einiger Zeit entstand daraus durch Essigsäurebakterien und Sauerstoff – beides aus der Luft – Essigsäure. Meist bildet sich dabei eine Glibbermasse, die Essigmutter. Mit ihr kann man wieder Wein »impfen« und in bis zu 6 Monaten zu neuem Essig vergären. Heute gibt es schnellere Methoden. Aber besonders aromatisch ist immer noch der langsam und natürlich gereifte Essig.

Essig selber machen

Mische 1 Flasche Weißwein mit 1 Tasse nicht pasteurisiertem Essig (Naturkostladen oder Reformhaus) in einem Krug. Lass ihn einfach nur mit einem sauberen Stofftaschentuch bedeckt in der Küche stehen ... und warte 3–4 Monate ab. Ist der Essig fertig und hat eine Essigmutter sich gebildet, kannst du ihn abfüllen und auf die Essigmutter wieder Wein gießen.
Schneller geht aromatisierter Essig: Fülle neutralen Essig (z.B. aus Essig-Essenz) in einer Flasche auf Knoblauchzehen oder einem Bund Kräuter der Provence (› 92) oder auf abgeschälten Zitronenschalen oder getrockneten Chilischoten. Nach 4 Wochen hat der Essig den Geschmack angenommen – je länger, desto stärker.

Was nehme ich zum Kochen?

Wenn Gerichte nur eine ganz leichte Säure brauchen, ist Zitronen- oder Limettensaft (› 115 und 117) am besten. Wenn's ein bisschen kräftiger säuerlich sein soll, Weißweinessig. Echt stark ist Rotweinessig. Und bei Gerichten mit Tomaten oder fruchtigem Geschmack passt auch Balsamessig gut. Aber immer erst wenig nehmen – sonst versäuerst du dir dein Essen.

Essig konserviert

In Essig eingelegte Gurken, Rote Bete und Zwiebeln, Früchte und Kürbis, Mixed Pickles (das ist gemischtes Gemüse), aber auch Rollmops und Bismarck-Hering sind Delikatessen. Früher war das eine Methode, Frisches haltbar zu machen. Denn die meisten Keime können bei einem sauren ph-Wert nicht leben. Heute essen wir diese »Sauerkonserven«, wie sie im Handel heißen, als Delikatessen.

Essig-Lexikon

Apfelessig wird aus Apfelwein gemacht. Er hat auch eine medizinische Wirkung. So regt ein Glas Wasser mit 1 TL Apfelessig die Verdauung an. Essig-Umschläge sind gut bei Entzündungen, Sonnenbrand oder Insektenstichen.

Balsamessig heißt auch Aceto (ital., sprich: »Atscheto«) balsamico und kommt aus Italien. Durch lange Lagerung und Konzentration bekommt er eine süßliche, aromareiche Säure. Der ursprüngliche Balsamessig ist dunkel, jetzt gibt es auch hellen.

Branntweinessig ist die preiswerteste Sorte und wird aus Maische, die beim Brennen von Schnaps übrig bleibt, gemacht.

Essig-Essenz ist ein konzentrierter Essig aus billigen Sorten, der unverdünnt giftig ist, weil er die Haut verätzt. Erst wenn er mit Wasser verdünnt wird, kann man ihn verwenden. Er ist durchsichtig, geschmacklos und eignet sich zur Herstellung von Kräuteressigen sowie zum Entfernen von Kalkbelägen.

Himbeer-Essig So wie Kräuter kann man auch frische Beeren in Essig ziehen lassen. Das gibt einen süßlich-milden Akzent. Du kannst auch ein wenig Fruchtsirup zum Essig geben und neue Sorten zaubern .

Kräuteressig entsteht, wenn man frische Kräuter in neutralem Essig ziehen lässt. Besonders beliebt ist Estragon, Kräuter der Provence oder Dill.

Reisessig wird aus Reisschnaps gemacht, ist hell und schmeckt neutral.

Weinessig kann entweder aus Rot- oder Weißwein entstehen. Es gibt – je nach Wein – sehr edle Sorten. Weinessig ist die Grundlage der Vinaigrette (› 123).

S wie Schinken

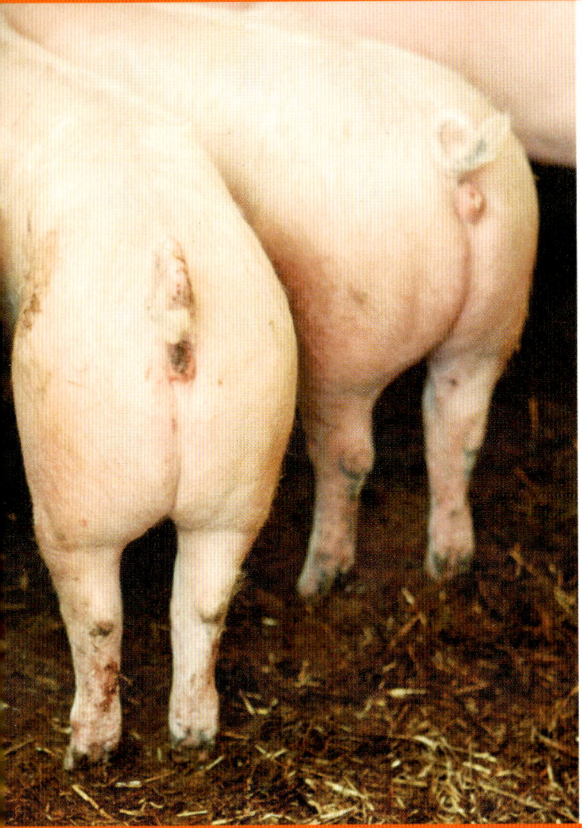

Schinken sagen viele Leute auch zum menschlichen Hinterteil. Beim Schwein ist das derselbe Körperteil und der, aus dem – mitsamt dem Oberschenkel – Schinken gemacht wird. Fleisch durch Salzen, Trocknen oder Rauch haltbar zu machen, hat man schon vor vielen Tausend Jahren entdeckt. Jedes Volk bereitete den Schinken anders zu und so gibt's auch heute unzählige Schinkensorten. Aber es gibt zwei große Gruppen: gekochten Schinken und rohen Schinken.

Gekochter Schinken

Gekochter Schinken wird erst in eine Pökellösung (› 145) eingelegt, manchmal ein bisschen geräuchert und dann gekocht. Er bleibt höchstens 1 Woche frisch.

Roher Schinken

Roher Schinken wird immer zuerst gesalzen oder gepökelt und danach entweder getrocknet oder geräuchert (oder beides). Er heißt dann luftgetrocknet oder geräuchert.

Schinken-Lexikon

Rauchfleisch

Es stammt vom Rind und heißt in der Schweiz Bündner Fleisch.

Schinkensorten gekocht

Koch-/Hinterschinken mit dickem Fettrand stammt vom hinteren Schlegel.
Vorderschinken ist magerer.
Der preiswerte **Formschinken** wird aus kleineren Stücken zusammengefügt.
Kasseler und **Frühstücksspeck** stammen von Rücken und Bauch.
Putenschinken wird aus der mageren Putenbrust gemacht.

Schinkensorten roh

Luftgetrockneter Schinken kommt aus Südeuropa, wie der italienische Parma und der Serrano aus Spanien.
In Deutschland wurde der **Schinken** im Kamin **geräuchert**: Schwarzwälder und westfälischer Schinken sind Spezialitäten.
Schinkenspeck stammt vom Schweinebauch.
Lachsschinken ist weder Lachs noch Schinken – er wird aus dem mageren Schweinerücken geschnitten.

Wie Spaghetti gekocht werden, kannst du auf Seite 105 nachlesen.

Zutaten für 4 Kinder:
3 TL Salz
500 g Spaghetti
100 g Schinkenspeck (Frühstücksspeck) in Scheiben
200 g Sahne
50 g frisch geriebener Parmesan

Spaghetti carbonara

> Einen großen Topf mit Wasser zum Kochen aufstellen. Ins kochende Wasser das Salz und die Spaghetti geben. Die Spaghetti bissfest kochen (› 105).

> Inzwischen den Speck quer in dünne Streifen (wie dein kleiner Finger) schneiden. Diese Streifen in einer beschichteten Pfanne bei schwacher Hitze braten, bis das Fett herausgebraten ist und sie bräunlich sind.

> Die Sahne mit dem Parmesan mischen, zum Speck geben und einmal aufkochen lassen. Die Spaghetti in einem Sieb abgießen und in einer Schüssel mit der Schinkensauce mischen. Dazu schmeckt grüner Salat oder Tomatensalat.

SO SCHMECKT'S AUCH:
Rühre noch 1 oder 2 EL Tomatenmark in die Sauce.

Melone mit Schinken

Eine supereinfache, italienische Vorspeise ist luftgetrockneter Schinken mit Melone. Am besten schmeckt eine Melone mit orangefarbenem Fleisch mit Parma- oder San Daniele-Schinken. Schneide die Melone in Spalten und gib zu jeder Spalte 1–2 Scheiben Schinken.

S wie Schokolade

... oder eigentlich X wie »Xocolatl«, ein dickes, bitteres, fettiges Getränk aus Kakao, das die Maya in Mittelamerika zubereiteten. »Cacahuatl« hieß die Kakaobohne – die Grundlage der Schokolade – bei den Azteken. Sie war so wertvoll, dass sie als Zahlungsmittel benutzt wurde.
10 Bohnen z.B. gab man für ein Kaninchen.
Der spanische Eroberer Cortez ließ Anfang des 16. Jahrhunderts Kakao in Plantagen in Südamerika anbauen und machte ihn in Spanien populär – es hatte 200 Jahre lang das weltweite Kakaomonopol. 1818 trennte der Holländer Herr van Houten Kakaopulver und Kakaobutter, so wurde Kakao ein richtiges Modegetränk für Erwachsene. Und nochmal 100 Jahre später erfanden die Schweizer Nestlé und Suchard die »Alpenvollmilchschokolade«. Die Schweizer sind immer noch Weltmeister im Schokolade-Essen: 10 kg, also 100 Tafeln, isst jeder im Jahr, die Deutschen 8,2 kg.

Ein Luxusartikel?

1955 konnte ein Schokoladenfabrikarbeiter von seinem Stundenlohn 1 1/2 Tafeln Schokolade kaufen. 1985 waren es schon 15 Tafeln. Und 1996 reichte das Geld für 23 Tafeln Schokolade.

Kakaobäume und -bohnen

Kakaobäume gedeihen im Schatten und mögen feucht-heißes Klima. Sie wachsen in Mittel- und Südamerika sowie in Afrika und Indonesien. Die Pflanze kann gleichzeitig Blüten, unreife und reife Früchte tragen.
Die Blüten sind klein und gelb und wachsen direkt aus dem Stamm. Die ovalen, kürbisartigen Früchte enthalten 30–40 bittere Kerne, die Kakaobohnen. Diese gären nach der Ernte ein paar Tage, dann werden sie gereinigt, getrocknet, geröstet, geschält und zur farblosen Kakaobutter und dem braunen Kakaopulver weiterverarbeitet.

So entsteht Schokolade

Der Kern der Kakaobohne wird zu einem dickflüssigen Brei, der Kakaomasse, zerrieben. Dieser werden Zucker, Milch- oder Sahnepulver, zusätzliche Kakaobutter und Gewürze wie Vanille zugesetzt, außerdem Lecithin aus Ei. Die Mischung wird zu einer groben Schokoladenmasse verknetet. Diese wird unter großem Druck mehrfach gewalzt und conchiert, d.h. in muschelartigen Trögen (Conchen) so lange gerührt, bis jedes kleinste Teil von einem Kakaobutterfilm umhüllt ist **(Bild links)**. Dabei hilft der Emulgator Lecithin. Unter ständigem Rühren lässt man die Schokolade abkühlen, damit sie ihren seidigen Glanz bekommt. Dann kann die Masse geformt oder gegossen werden **(Bild rechts)**.

Geschmack und Preis

Je geringer der Anteil von Kakao und Kakaobutter in der Schokolade ist, desto minderwertiger ist ihre Qualität. Bittere Schokolade hat einen höheren Kakao-Anteil und ist deshalb teurer. Die teuerste Schokolade wird aus »Criollo-Bohnen« gemacht, der edelsten Kakaosorte. Edel darf eine Schokolade nur heißen, wenn sie 40 % dieser Bohnen enthält.

So entsteht Kakaopulver

Die Kakaomasse wird gepresst und dadurch in Kakaobutter und -pulver (mit 10–20 % Kakaobuttergehalt) getrennt. Die Kakaobutter fließt ab und wird gereinigt. Der Presskuchen, der zurückbleibt, wird zu Kakaopulver gemahlen – auf der Packung steht deshalb »entölt«: Je dunkler das Pulver ist, desto fetthaltiger ist es noch. Die Kakaobutter wird Schokolade zugesetzt oder in der Medizin für Zäpfchen verarbeitet. Kakaobutter schmilzt nämlich bei Körpertemperatur.

Was ist in der Schokolade drin?

Schoki-Lexikon

Schimmelt Schokolade?

Alte und zu warm aufbewahrte Schokolade hat einen weißlichen Belag. Das ist kein Schimmel, sondern »ausgeschwitzte« Kakaobutter und Zucker. Alte Schokolade schmeckt ranzig. Bewahre Schokoschätze kühl auf – und lass sie nicht zu alt werden.

Macht Schokolade glücklich? Oder süchtig?

Sie enthält Wirkstoffe, vor allem Koffein und Theobromin (benannt nach dem botanischen Namen der Kakaopflanze »Theobroma« = Speise der Götter). Diese wirken anregend und stimmungsaufhellend. Auch Endorphine sind drin – die sorgen für Entspannung und Hochgefühl. Doch die Mengen sind so klein, dass sie nicht wie Medizin gegen Kummer und Lustlosigkeit wirken. Vielleicht machen ja auch die schöne Verpackung, der gute Geschmack und das sanfte Schmelzen auf der Zunge den Schokoreiz aus. Echt süchtig macht Schokolade nicht – das ist nur eine faule Ausrede, wenn man wieder zu viel gegessen hat.

Schokoladenallergie?

Tatsächlich reagieren manche Menschen auf Schokolade allergisch. Sie bekommen Ausschläge, Husten, Bauchweh oder Kopfschmerzen. Das kann am Nickel oder am Eiweiß in der Schokolade liegen.

Verstopft durch Schokolade?

Schokolade ist Astronautenkost: viele Kalorien, keine Ballaststoffe. Deshalb kann das schon mal zur Verstopfung führen – vor allem bei dunkler Schokolade. Also nicht gleich die halbe Tafel aufessen.

Schokoladen-ABC

Bitterschokolade

Zartbitter-Schokolade enthält mindestens 43 % Kakaomasse. Sie schmeckt zartherb. Bei Halbbitterschokolade muss der Anteil der Kakaomasse mindestens die Hälfte betragen. Bitterschokolade hat 60–85 % Kakaomasse und ist kaum süß.

Eiskonfekt

Bei Eiskonfekt wird neben Kakaopulver und Zucker das preiswerte Kokosfett (› 32) statt Kakaobutter verwendet. Deswegen schmilzt sie so anders auf der Zunge und sollte im Kühlschrank, also im Eis, aufbewahrt werden.

Gefüllte Schokolade

Ein Schokomantel kann die unterschiedlichsten Füllungen wie Marzipan, Nougat, Joghurt, Pfefferminzfondant oder andere Cremes umhüllen. Der Schokoanteil muss mindestens ein Viertel der Tafel betragen.

Kuvertüre

Kuvertüre (es gibt sie in Weiß, Braun und Dunkel) hat besonders viel Kakaobutter (mindestens 31–38 %). Dadurch ist sie geschmolzen flüssiger und erstarrt härter als Schokolade. Sie wird für Pralinen, Trüffel und Tortenüberzug verwendet.

Luftschokolade

Luftschokolade wird mit Luft aufgeschäumt, die Löcher bleiben beim Erstarren erhalten und ergeben beim Essen ein sehr luftiges Gefühl.

Milchschokolade

Sie besteht aus Kakaomasse, Milchtrockenmasse (in Form von Milch, Sahne , Kondensmilch oder Trockenpulver) und Zucker. Alpenmilchschokolade darf nur mit Milch aus den Alpen und dem Alpenvorland zubereitet werden.

Nussschokolade

Neben Haselnüssen und Mandeln gibt es auch Puffreis, Krokant oder Rosinen in Schokolade. Ihr Reiz besteht in dem Gegensatz von weicher Schokolade und den mehr oder weniger großen Stückchen.

Trüffel

Das sind Pralinen aus Schokolade, Fett und aromatischen Zutaten. Sie sind weicher als Schokolade und müssen kühl aufbewahrt werden. Oft enthalten sie als Zutat Liköre oder Obstschnäpse – also Vorsicht beim Probieren.

Weiße Schokolade

Weiße Schokolade enthält keine braune Kakaomasse, sondern nur Kakaobutter, Zucker, Milch- und Sahnepulver mit Zusätzen wie Zucker, Nüssen, Krokant und Vanille. Deshalb ist das Schokoaroma auch schwächer.

1 ›

Die Kuvertüre im heißen Wasserbad unter Rühren schmelzen.

2 ›

Alle Zutaten gut mit der Kuvertüre mischen, damit alles damit überzogen ist.

3 ›

Die Häufchen kannst du, je nachdem, wie du sie lieber magst, größer oder kleiner machen.

4 ›

Wenn du kein Gitter hast, kannst du die Crossies auch auf Butterbrotpapier trocknen.

Schoko-Crossies

Zutaten für etwa 40 Stück:

300 g Zartbitterkuvertüre (oder Vollmilch- oder weiße Kuvertüre)

100 g Nüsse oder Kerne (z.B. Walnüsse, Haselnüsse, Pinienkerne, Sesam)

50 g Trockenfrüchte (Rosinen, Pflaumen, Aprikosen)

50 g Corn Flakes

30 g grobe Haferflocken

> Um die Kuvertüre zu schmelzen, brauchst du ein Wasserbad. Direkt im Topf auf einer heißen Platte würde die Schokolade nämlich zu heiß werden, krümeln und nicht mehr zu gebrauchen sein. Für das Wasserbad nimmst du eine Metallschüssel und einen Topf. Die Schüssel sollte so in den Topf passen, dass sie seinen Boden nicht berührt und oben die Öffnung des Topfes abschließt. Wasser in den Topf füllen und erhitzen, aber nicht kochen lassen.

> Die Kuvertüre grob zerbrechen und im heißen Wasserbad schmelzen **(Bild 1)**. Wichtig: Es darf kein Wasser in die Kuvertüre oder Schokolade gelangen, sonst gerinnt sie und ist unbrauchbar.

> Die Nüsse und Trockenfrüchte grob hacken. Mit den Corn Flakes und den Haferflocken mischen und in die geschmolzene Kuvertüre geben, mit einem Holzlöffel umrühren **(Bild 2)**.

> Mit zwei Teelöffeln kleine Häufchen von der Masse auf Backpapier oder ein Konfekt-Gitter oder ein Brettchen setzen **(Bild 3 und 4)**. Die Crossies in den Kühlschrank stellen und fest werden lassen.

> In einer Dose kühl aufbewahren – bei Wärme schmelzen sie nämlich wieder.

S wie Spinat

Über Spinat und Kinder gibt es viele Witze. Macht er wirklich so stark wie Popeye? Hasst ihn wirklich jedes Kind? Und ist in dem rahmigen Blubb überhaupt noch Spinat drin?
Eigentlich ist Spinat ein ganz normales Blattgemüse. Er sieht ein wenig wie großer Feldsalat (› 124) aus und besteht aus vielen kleinen Einzelpflänzchen. Spinat enthält im Vergleich zu anderem Gemüse viel Eisen, aber auch jede Menge anderer Vitamine. Der Sommerspinat ist so zart, dass du ihn roh als Salat essen kannst. Der Spinat im Herbst und Winter ist härter, ist aber ganz einfach zu kochen.

Spinat gegen Blutarmut?

Früher mussten blasse Kinder Spinat in Massen essen, weil er sagenhafte Mengen Eisen (wichtig für die roten Blutkörperchen) enthalten sollte. Das war leider ein Rechenfehler. Trotzdem ist Spinat das eisenreichste Gemüse – nur Brennnesselspitzen haben mehr. Weil aber unser Körper Eisen aus Pflanzen nicht so gut verwerten kann, ist Fleisch für die Eisenversorgung besser geeignet.

Stumpfe Zähne?

Wenn du Blattspinat isst, hast du hinterher ein raues Gefühl an den Zähnen. Das kommt vom Oxalat im Spinat, das Calcium von der Zahnoberfläche klaut und fest bindet. Ein Glas Milch macht diese Wirkung rückgängig: Deine Zähne tanken wieder Calcium, das restliche Oxalat wird gebunden und das Gefühl geht wieder weg. Bei Rhabarber (› 116) ist das übrigens ähnlich. In Rahmspinat wird das Oxalat teilweise von der Sahne weggefischt.

Spinat lieber nicht aufwärmen

Spinat enthält viel Nitrat (› 123). Wenn er lange herumsteht oder warm gehalten wird, bildet sich daraus Nitrit. Aus diesem wiederum können schädliche Nitrosamine entstehen. Iss deshalb Spinat am besten frisch – aufgewärmt schmeckt er sowieso nicht mehr so gut.

Ein beliebtes Fastenessen war früher Spinat mit Kartoffeln und Ei. Denn die Hühner legten in der Zeit Eier, in der es auch frischen Spinat gab. Außerdem ergibt Ei mit Kartoffeln das beste Eiweiß überhaupt.

Zutaten für 4 Kinder:

800 g frischer Blattspinat

1 Knoblauchzehe

2 EL Butter oder Olivenöl

1/2 Tl Salz

Pfeffer aus der Mühle

Muskatnuss, frisch gerieben

Blattspinat

> Den Spinat putzen und waschen wie Salat: Die harten Stiele abzwicken und die Blätter in kaltem Wasser 2–3mal gründlich waschen, bis kein Sand mehr im Wasser ist **(Bild 1)**. Dann abtropfen lassen.

> Die Knoblauchzehe schälen und der Länge nach durchschneiden. Das Fett bei mittlerer Hitze in einem Topf zerlassen und Knoblauch mit den gut abgetropften Spinatblättern nach und nach dazugeben. Dabei umrühren, damit auch der oben liegende Spinat zusammenfällt **(Bild 2)**.

> Salz und Gewürze dazugeben – die Muskatnuss am besten frisch auf einer Reibe reiben. Den Spinat noch 2–3 Min. dünsten, dabei rühren. Dann die Knoblauchzehe herausfischen – sie hat ihre Würze abgegeben.

> Der Spinat schmeckt toll mit Bratkartoffeln (› 79), gerösteten Sesamsamen und natürlich einem kernweich gekochten Ei (› 23).

1 ›

Die Spinatmenge wird dir riesig erscheinen. Aber er schrumpft beim Kochen kolossal zusammen.

‹ 2

Gib die Blätter nach und nach zu, wenn im Topf wieder Platz ist.

Rahmspinatsauce

> Den Spinat in einen Topf geben und erwärmen.

> Die Crème fraîche und die Haferflocken dazugeben und alles noch einmal aufkochen lassen.

> Mit kleinen Bratkartöffelchen essen. Oder mit Nudeln.

Zutaten für 4 Kinder:

400 g tiefgekühlter Rahmspinat

1 EL Crème fraîche

1–2 EL zarte Haferflocken

Ein Blitzrezept: Wenn du gegarte Kartoffeln übrig hast, brauchst du die nur aufzubraten.

S wie Süßes

Süß ist der Geschmack, den schon Babys lieben. Süß empfinden wir vor sauer, salzig und bitter am angenehmsten. Forscher glauben, dass diese Liebe zu Süßem die Menschen vor unreifen oder giftigen Früchten geschützt hat. Heute verführt uns diese Vorliebe, mehr zu essen, als wir eigentlich wollen. Süßes ist als Süßigkeit vom kostbaren Luxusartikel zur Billigware geworden. Dabei ist Süßes mehr als das.

Süß schmeckt nicht gleich süß

Man teilt die verschiedenen Süßstoffe und Süßungsmittel nach ihrer Süßkraft ein. Vergleichsgrundlage ist → Zucker (Saccharose) mit dem Faktor 1. Reiner Fruchtzucker (Fructose) hat eine Süßkraft von 1,2, Traubenzucker (Glucose) nur 0,7 und Milchzucker (Lactose) 0,5. Ein flüssiger Honig hat viel mehr Fruchtzucker als ein streichfähiger und süßt deshalb intensiver. Süßstoffe, die bis zu 2000-mal intensiver süßen als Zucker, können wir pur gar nicht essen.

Test: Wie schmeckt dir süß?

Schau einmal, was du an Süßungsmitteln zu Hause findest. Löse je 1 Teelöffel davon in 100 ml Wasser. Dann probiere, wie süß du die Lösung findest. Und ob es noch andere Geschmacksnoten gibt. Ob du noch bitter oder seifig, metallisch, lakritzig, zusammenziehend oder säuerlich herausschmeckst. Lass deine Freunde mitprobieren – wetten, dass jeder etwas anderes schmeckt?

Gesunde Süße?

Grundlage süßer Lebensmittel sind – bis auf Honig – pflanzliche Produkte. Früchte und Säfte werden durch Konzentrieren oder Mischen mit Zucker haltbar. Meist passiert das durch Erhitzen. Deshalb enthalten Sirups und Eingemachtes kaum mehr Vitamine, aber eine Riesenmenge Mineralstoffe. Je mehr, desto gesünder sind sie – das gilt allerdings nicht für die Zähne, denen schadet jede Art von Süßem (› 149).

Süßes aufs Brot

Honig
Honig wird von den Bienen aus Blütennektar oder aus Honigtau als Nahrungsvorrat hergestellt. In kalt geschleudertem Honig sind alle wertvollen Stoffe am besten erhalten. Waldhonig ist aus Honigtau, den Blattläuse produzieren und die Bienen aufsammeln. Besonders aromatisch, dunkel und würzig ist Tannenhohig.

Marmelade
Früher war Marmelade ein anderes Wort für Konfitüre. Sie war schon im Mittelalter bei den Rittern beliebt. Nach einem neuen Gesetz heißen nur noch eingemachte Zitrusfrüchte so.

Konfitüre/Fruchtaufstrich
Konfitüre heißen Frucht-Zucker-Mixe, die zu mindestens 60 % aus Zucker bestehen. Extra-Qualität enthält besonders viel Frucht. Fruchtaufstriche enthalten weniger oder keinen Zucker, schmecken fruchtig, sind aber nicht so haltbar.

Gelee
Für die Zubereitung von Gelees werden reife Früchte gekocht. Der Saft, der dabei entsteht, wird abgetropft und mit Gelierzucker (› 150) eingekocht. Das ist bei harten, kernigen Früchten ideal wie Apfel, Quitte, Johannisbeere, Stachelbeere oder Holunderbeere.

Zum Süßen

Ahornsirup
Der Zuckerahornbaum sondert, wenn man seine Rinde einritzt, süßen Saft ab, der zu würzigem Ahornsirup eingekocht wird. Die Indianer in Nordamerika hatten das entdeckt.

Agavendicksaft
Auch die Agave gibt süßen Saft ab, wenn man sie einritzt. Er schmeckt toll in Müsli, Joghurt und Getränken wie Milchmixen. Du bekommst ihn im Reformhaus und Naturkostladen.

Rübenkraut
Rübenkraut (= Rübensirup) entsteht durch das Einkochen von Zuckerrübensaft und schmeckt nach Karamell. Apfel- und Birnenkraut schmecken dagegen eher säuerlich.

Süßstoff
Süßstoff wird künstlich hergestellt und kann 10–2000-mal stärker süßen als → Zucker. Süßstoff hat keine Kalorien und wurde vor allem für Diabetiker (› 151) erfunden, die richtigen Zucker nicht verarbeiten können.

Honig

Honig brachte die Menschen auf den süßen Geschmack

Als in der Bibel vom Land, in dem »Milch und Honig fließen«, die Rede war, war die Biene schon ein paar tausend Jahre Haustier. Sie liefert ja nicht nur den süßen Honig, sondern auch noch Wachs, aus dem sich Kerzen herstellen lassen. Neben den Imkern gab es im Mittelalter noch »Zeidler«, die den Honig von wilden Bienenvölkern sammelten.

Warum gibt es festen und flüssigen Honig?

Honig ist immer eine Mischung aus Trauben- und Fruchtzucker. Je mehr Traubenzucker ein Honig enthält, desto schneller kristallisiert er aus, wird also fest und undurchsichtig. Das ist kein Nachteil, sondern Geschmacksache. Ein hoher Fruchtzuckeranteil macht Akazien-, Wald- oder Tannenhonig flüssig. Sehr schnell fest werden Klee-, Raps- und Linsenblütenhonig. Wenn man den Honig vorsichtig im Wasserbad (› 135) erwärmt, wird er wieder flüssig.

Honig aufbewahren

Am besten in einem Schraubglas in den dunklen Küchenschrank stellen. Eigentlich kann er nicht verderben. In einem Pharaonengrab fand man 4000 Jahre alten Honig, der sogar noch essbar war.

Was ist in Honig drin?

Außer Mineralstoffen sind im Honig eine Menge wohltuender Substanzen enthalten. Sie können sogar gegen Bakterien wirken – Honig lässt Wunden schneller heilen und Halsschmerzen verschwinden. Bei über 40 ° werden diese Stoffe aber zerstört – deshalb Honig am besten nicht erhitzen. Babys sollten Honig noch nicht essen, weil ihre Verdauung mit ihm nicht fertig wird.

T wie Tomate

»Tomatl« nannten die Azteken die ursprünglich gelbe Frucht. Rot wurde sie erst viel später. Sie kam mit ihrer Cousine, der Kartoffel, nach Europa und wurde wie sie erst mal als Zierpflanze verkannt. Die Früchte galten sogar als giftig! Erst vor etwa 100 Jahren wurde die Tomate auch bei uns bekannt. Die Italiener sagen pomodoro: Goldapfel, Paradeiser heißen sie in Österreich und in Frankreich Liebesäpfel, denn man sagte ihnen Zauberkraft in Herzensdingen nach. Die Kirche hielt sie für eine Pflanze des Satans. Vielleicht, weil sie so schön rot ist? Deutsche essen weit mehr als 1 Milliarde Kilo Tomaten im Jahr – die im Ketchup mitgezählt.

Tomaten aus dem Blumentopf

1. Im Frühbeet kannst du ab Februar die Samen aussähen. Halte sie hell, warm und feucht, dann wachsen die Pflanzen schnell.

2. Sobald sie etwa 5 cm hoch sind, kommen sie in kleine Blumentöpfchen. Topfe sie öfters in einen größeren Topf, wenn die Pflanze zu groß wird. Stecke einen Holz-Schaschlikspieß zur Stütze neben die Pflanze.

3. Ab April/Mai kannst du die Töpfe an einen sonnigen Platz rausstellen (nur wenn's friert, nachts ins Haus bringen). Sie braucht jetzt einen langen Holzstab, an dem du sie mit Bast befestigst. Solche Pflanzen kannst du auch kaufen.

4. Zwicke die Seitentriebe oberhalb der Blätter ab – sie rauben der Pflanze Kraft. Jetzt musst du nur noch gießen und warten, bis du im September sonnensüße Tomaten ernten kannst.

Tomaten häuten

Bringe Wasser zum Kochen und schalte dann die Hitze ab. Stelle eine Schüssel mit kaltem Wasser bereit. Schneide die Tomaten über Kreuz mit einem leicht gezackten Tomatenmesser ein.

Gib die Tomaten am besten mit einem Schaumlöffel ins kochende Wasser und lass sie etwa 10 Sekunden drin (langsam bis 10 zählen). Hebe sie dann aus dem heißen Wasser und tauche sie zum Abkühlen ins kalte Wasser.

Nun kannst du die Schale ganz einfach abziehen.

Tomaten-Salsa

600 g reife Tomaten waschen und wie oben angegeben schälen, dann halbieren. Die Hälften in Scheiben schneiden, diese würfeln.

1 Zwiebel und 2 Knoblauchzehen schälen. Die Zwiebel in Würfel schneiden und den Knoblauch durch die Presse drücken (› 67).

1–2 EL Zucker (am besten braunen), 1–2 EL Balsamessig oder Zitronensaft, 2 EL Olivenöl mit 1/2 TL Salz, etwas Pfeffer, Currypulver und Sojasauce mit den Tomaten, Knoblauch und Zwiebel mischen.

Tomaten-Lexikon

Grüne Tomaten sind giftig

Stiele, Blätter, aber auch grüne Stellen der Tomaten enthalten Solanin wie → Kartoffeln und sind giftig. Entferne deshalb auch den grünen Stielansatz vor dem Essen. Milchsauer eingelegte grüne Tomaten, wie es sie im Süden oder in Amerika gibt, sind durch die Gärung entschärft und essbar, wenn du nicht zu viele isst.

Tomaten reifen nach

Sie gehören deshalb nicht in den Kühlschrank, sondern nebeneinander an einen hellen, sauberen Platz in der Küche, bis sie schön rot sind. Wie Äpfel geben sie Äthylen (› 7) ab.

»Sonnencreme« Tomaten

Über 10 Wochen täglich 2 EL Tomatenmark mit etwas Olivenöl essen (oder 1 Glas Saft mit 1 Tröpfchen Öl trinken) und schon hast du Sonnenschutzfaktor 2–3 von innen. Das fanden Forscher mit Versuchspersonen heraus. Tomaten enthalten nämlich unter anderem Lycopin. Und das schützt die Zellen vor Lichtschäden.

Tomatenketchup

Ursprünglich ist Ketchup eine Art indonesische Sojasauce. Doch ein internationaler Hit wurde sie erst als Tomatenketchup. Für 1 kg braucht man ungefähr 240 g Tomatenmark, etwa 200 g Zucker, Essig, Salz, Zwiebeln, Knoblauch und Gewürze. Kinderketchup ist übrigens meist noch zuckerreicher – vergleiche das mal.

Tomatenmark

Wird Tomatenpüree immer weiter eingekocht, entsteht Tomatenmark. Es ist toll zum Würzen von Gerichten und du kannst damit Tomatensauce (› 64) machen.

Tomaten-ABC

Dosentomaten

Selbst Feinschmecker kochen mit Dosentomaten, weil sie aus süßen, reifen Tomaten gemacht werden und gar nicht nach Dose schmecken.

Flaschentomaten

Flaschen- oder Eiertomaten sind fest und landen meistens in der Dose. Sie sind prima zum Kochen, weil sie fest bleiben.

Fleischtomaten

Sie sind manchmal etwas mehlig, groß und fleischig. Du kannst sie überbacken, füllen oder Sauce aus ihnen machen.

Gelbe Tomaten

Sie werden gerade modern und sind doch eigentlich ganz alt! Sie haben eine härtere Schale als die roten und schmecken meist süßer.

Getrocknete Tomaten

Flaschentomaten werden in Italien längs halbiert, gesalzen und getrocknet. Dann werden sie in Öl eingelegt. Sie sind toll als Brotbelag oder für einen Vorspeisenteller.

Ketchup

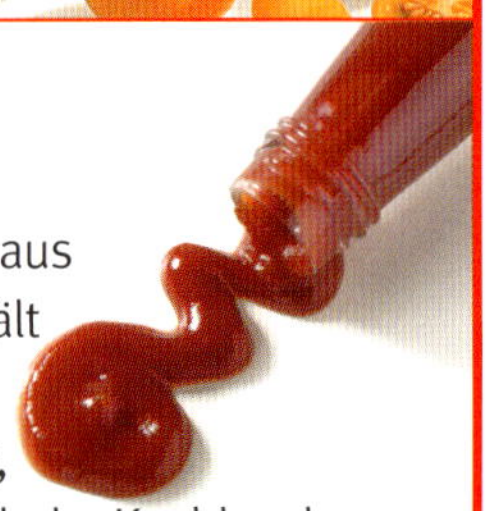

Ketchup kommt aus Indien und enthält außer Tomatenmark viel Zucker, Essig, Salz, Zwiebeln, Knoblauch und Gewürze – auf der Zutatenliste steht es genau.

Kirschtomaten

Cocktail- oder Kirschtomaten enthalten mehr Vitamine und Aroma als große Früchte. Es gibt sie auch gelb und birnenförmig. Prima zum Naschen.

Strauchtomaten

Strauchtomaten werden mit der Rispe geerntet – deshalb duften sie tomatig. Da nicht alle gleichzeitig reif sind, schmecken sie auch unterschiedlich süß.

Caprese – Tomaten mit Mozzarella. Das ist der italienische Nationalsalat, weil er die Farben der italienischen Fahne enthält: Rot, Weiß, Grün.

Tomaten mit Mozzarella

Zutaten für 4 Kinder:

6–7 reife Tomaten

2 Kugeln Mozzarella (jeweils 125 g)

1 dickes Bund Basilikum, 3 EL Olivenöl

1/2 TL Salz, schwarzer Pfeffer aus der Mühle

2 EL Balsamessig nach Geschmack

> Tomaten waschen, Blütenansätze herausschneiden und die Tomaten in dicke Scheiben schneiden. Mozzarellakugeln in dünne Scheiben schneiden.

> Käse- und Tomatenscheiben abwechselnd auf eine Platte schichten – wie Dachziegel. Basilikum waschen und die Blätter mit einer Schere über dem Salat abschneiden.

> Für die Sauce Öl, Salz und Pfeffer abschmecken. Über den Salat träufeln. Wenn du magst, kannst du auch Balsamessig dazutun.

Ratatouille ist französisch und wird »Ratatui« ausgesprochen. Es ist ein Mischmasch aus Mittelmeergemüse und schön saftig.

Ratatouille

Zutaten für 4 Kinder:

2–3 kleine Zucchini

je 1 rote, gelbe und grüne Paprikaschote

1 dicke Zwiebel (am besten eine Gemüsezwiebel)

2–3 Knoblauchzehen

3–4 EL Olivenöl

1 kleine Dose Tomaten (400g)

1 Zweig Rosmarin oder Kräuter der Provence

1 TL Salz, Pfeffer

> Das Gemüse waschen. Die Zucchini in fingerdicke Scheiben schneiden, die Enden wegwerfen. Die Paprika halbieren, Stiele, Kerne und weiße Innenwände entfernen. Die Schoten in Stücke schneiden.

> Zwiebel und Knoblauch schälen. Die Zwiebel halbieren und in große Würfel schneiden (› 141), den Knoblauch in dünne Scheiben schneiden.

> Das Olivenöl erhitzen und Zwiebel und Paprika darin bei mittlerer Hitze anbraten, bis sie leicht bräunlich werden. Dann die Zucchini, den Knoblauch, den Inhalt der Tomatendose, Rosmarin, Salz und Pfeffer dazugeben.

> Wenn alles kocht, die Hitze etwas kleiner stellen und den Deckel auflegen. Nach 15 Min. ist das Gemüse gar. Schmecke es noch einmal ab. Dazu schmeckt ein Klecks saure Sahne. Als Beilage passen Couscous (› 63) oder Ofenkartoffeln (› 79).

Tomatenpilz

Zutaten für 4 »Pilze«:

4 kleine Tomaten

1 Mozzarella

> Die Tomaten waschen und abtrocknen. Den Mozzarella vierteln, die Enden und Seiten abflachen, so dass er als Pilzstiel stehen bleibt.

> Von den Tomaten dicke Kappen abschneiden und leicht aushöhlen. Die Kappen als Pilzhut auf die Mozzarellastücke setzen. Aus den Mozzarellaresten kleine Stückchen schneiden und als Punkte auf die roten Kappen setzen.

> Wer will, kann noch Schnittlauchstücke als Grashalme an den Stiel legen. Noch kleinere Pilze kannst du aus Minimozzarella und Cocktailtomaten machen.

W wie Wurst

Hier geht's »um die Wurst«. Ungefähr 1500 Sorten gibt es allein in Deutschland. Mit der »Salami-Taktik« lernst du sie am besten kennen: Scheibchen für Scheibchen »rückst du ihr auf die Pelle«. Und wenn dir das »alles wurscht« ist, dann bist du »ein armes Würstchen«. Alles klar?

Welche Spezialitäten kennst du?

Die Aalrauchmettwurst im Norden wurde mit dem Aal zusammen geräuchert. Bremer Pinkel sind Grützwürstchen, die zum Grünkohl gegessen werden. Presskopf kommt aus Hessen, während der Pfälzer Saumagen durch den Kanzler Kohl berühmt wurde. Die Nürnberger Rostbratwürstchen, Münchner Weißwürste, Bayrischer Leberkäs und Landjäger gibt es mittlerweile in ganz Deutschland.

Schlachtplatte

In Form von Würsten machte man Fleisch, auch kleine Stücke und Innereien, haltbar und transportfähig. Denn ohne Tiefkühlung verderben gerade Schweinefleisch und Innereien sehr schnell. Meist wurde im Herbst das Vieh geschlachtet, das man nicht den Winter durchfüttern konnte. Am Schlachttag wurde dann gleichzeitig gewurstet – oft half die ganze Nachbarschaft. Die wurde dann auch zur Schlachtplatte eingeladen. Denn das Fleisch für Kochwürste wurde gleich gekocht, die Brühwürste gebrüht und kleinere Fleischteile gekocht. Die Brühe gab dann eine kräftige Suppe, zu der frische Würste, Fleisch, Sauerkraut und Kartoffeln gegessen wurden. Heute gibt's im Restaurant als Schlachtplatte meist frische Blut- und Leberwürste.

Würstchen richtig zubereiten

Würstchen heiß machen: Wenn das Wasser zu heiß ist, platzt das Würstchen und laucht aus. Am besten Wasser zum kochen bringen, die Hitze abschalten und die Würstchen erst dann hineinlegen. Auf keinen Fall darf das Wasser kochen.

Grillwürstchen platzen meist beim Grillen oder Braten. Das verhinderst du, indem du ihre Haut vorher schräg einschneidest. An diesen Stellen werden sie dann schön knusprig.

Rohe Bratwürstchen kannst du zu Blitz-Klößchen für eine Suppe oder Sauce verarbeten. Drücke das Brät portionsweise aus der Pelle und lass es in der kochenden Flüssigkeit garen.

Was versteckt sich in der Wurst?

Bei verpackter Wurst kannst du es genau sehen. Denn auf der Packung stehen nicht nur Mindesthaltbarkeitsdatum, Preis und Fettgehalt, sondern auch die Zutaten: neben Fleisch meist Speck, Nitritpökelsalz und → Gewürze. Es sind auch Pflanzenfette, Milcheiweiß, → Getreide und anderes erlaubt. In vielen Würsten versteckt sich ganz schön viel Fett (› 31).

Die Pelle

Halt und Form bekommt die Wurstmasse durch die Pelle. Auch die lieferte das Schlachttier: Därme, Mägen, Blase werden gereinigt, gesalzen und mit der Wurstmasse gefüllt. Diese Hülle lässt sich prima trocknen, räuchern und brühen. Aber es gibt auch nicht essbare Kunststoffhüllen.

Vegi-Würstchen

Tatsächlich gibt es fleischlose Würstchen oder Brotaufstrich, die aus Soja (› 72) hergestellt werden. Sie haben eine ähnliche Beschaffenheit wie Brühwurst oder Streichwurst und bekommen Geschmack durch → Gewürze, Aromen und Räuchern.

Wurst-Lexikon

Brühwurst wie Lyoner

Das ist die häufigste Wurstart. Das Fleisch und der Speck werden mit Pökelsalz und Gewürzen gecuttert, das heißt, wie im Mixer mehr oder weniger fein püriert. Damit die Masse nicht zu warm wird, kommen Eisstückchen dazu. Danach wird sie in die Pellen gefüllt, meist auch ein wenig geräuchert. Frische Brühwürste sind etwa 1 Woche haltbar.

Kochwurst wie Leberwurst

Die Zutaten werden gegart, verwurstet und die Wurst dann noch einmal gekocht. Diese Würste gibt's auch in Dose oder Glas. Es gibt drei Gruppen: Sülze, Leber- und Blutwurst. Offene Kochwürste müssen innerhalb 1 Woche gegessen werden.

Rohwurst wie Salami

Mageres Fleisch und kerniger Speck werden mit Nitritpökelsalz und Gewürzen roh zerkleinert und in Därme gefüllt. Danach werden sie getrocknet – sie reifen. Manche werden auch geräuchert. Sie sind monatelang haltbar – abgesehen von streichfähigen Sorten wie Tee- oder Mettwurst.

Wurst aufbewahren

Du solltest sie immer möglichst frisch essen und kühl aufbewahren. Nur die Salamiarten vertragen Zimmertemperatur.

Pökeln macht das Fleisch rosa

Weißwürste sind weiß, Biowürste blass. Das liegt daran, dass diese nur gesalzen werden. Rosa Wurst, auch → Schinken, wird dagegen mit Nitritpökelsalz gepökelt. Das Nitrit macht die Wurst haltbar, schützt das Fett davor ranzig zu werden, sorgt für ein bestimmtes Wurstaroma und reagiert mit dem Blutfarbstoff, so dass der appetitliche Rosaton entsteht. Scharf braten soll man sie lieber nicht. Dafür nimmst du besser helle Bratwürstchen.

Wurst ABC

Wurst kann sehr verschieden aussehen und schmecken. Das liegt an den Fleischsorten und an den → Gewürzen, die in der Rezeptur für jede Wurst genau festgelegt sind. Wenn du viel Wurst isst, solltest du sie immer mit Brot – am besten Vollkorn – essen und die Butter darunter lieber weglassen.

Bierschinken

Die magerste Wurst ist der Bierschinken. Bier ist allerdings nicht drin, sondern eine feine Wurstmasse aus Schweinefleisch mit vielen, mageren → Schinkenstückchen.

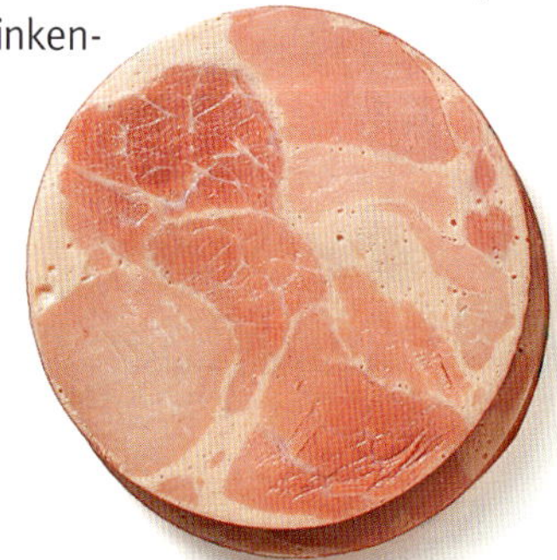

Bratwurst

Bratwurst aus rohem Fleisch gibt's grob oder fein. Sie ist höchstens 2 Tage im Kühlschrank haltbar. Die Wurstmasse lässt sich auch aus der Pelle drücken und zu Klößchen formen, kochen oder braten.

Jagdwurst

Sie ist eine Brühwurst und enthält in der feinen Wurstmasse größere Stückchen Fleisch und Fett. Senfkörner, Knoblauch, Macis und Kardamom machen sie würzig.

Landjäger

Landjäger sind Rohwürste und werden getrocknet und kalt geräuchert. Dadurch sind sie hart, aber haltbar und prima für Reisen oder Wanderungen als Vorrat geeignet. Ähnlich werden Cabanossi, Mini-Salami oder Mettenden hergestellt.

Salami

Salami ist eine Rohwurst, in der Fett und Fleisch gut sichtbar verteilt sind. Salami wird geräuchert, getrocknet oder beides. Oft ist sie scharf mit Pfeffer und Paprika gewürzt. Salami schmeckt am besten hauchdünn geschnitten.

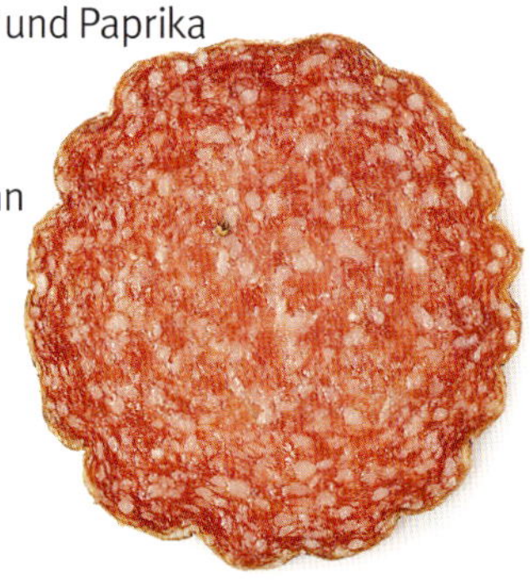

Teewurst

Teewurst enthält keinen Tee, sondern rohes Fleisch, Speck, Salz und Gewürze. Sie ist fein und streichfähig und bekommt durchs Räuchern einen sehr würzigen Geschmack.

Cervelatwurst

Sie heißt so nach cervus (Hirsch), obwohl sie heute nur noch Rind- und Schweinefleisch enthält. Senf, Koriander, Ingwer und Pfeffer geben ihr Schärfe und machen das Fett besser verträglich.

Gelbwurst

Sie wird meist aus Kalbfleisch und Speck hergestellt und ist sehr mild. Durch die Verwendung von einfachem Salz hat sie eine beige Farbe und wird in eine gelbe Kunststoffpelle gefüllt.

Grillwurst

Grillwurst ist eine helle, also ungepökelte Brühwurst und hat eine zarte Pelle. Es gibt aber auch gepökelte Bratwürste wie die Thüringer. Eine andere helle Sorte ist die Münchener Weißwurst, die in Wasser wie Brühwurst erhitzt wird.

Leberkäse/ Fleischkäse

Er gehört auch in die Gruppe der Brühwürste. Er enthält nur ganz wenig Leber, in Bayern gar keine. Käse heißt er wohl wegen seiner eckigen Laibform. Er wird in einer Kastenform im Ofen gebacken.

Leberwurst

Die streichfähige Leberwurst gehört zu den fettesten Würsten. Sie ist eine Kochwurst und enthält neben Leber immer noch viel Fleisch und Speck. Sie hat viel Eisen. Wurst mit Kalbsleber ist feiner, aus Schweineleber deftiger.

Lyoner/ Fleischwurst

Sie werden auch Kinder- oder Gummiwurst genannt. Lyoner wird im Süden manchmal mit Kalbfleisch hergestellt und ist dann mild, Fleischwurst im Norden ist herzhafter.

Terrine/Pastete

Terrinen enthalten fein gekuttertes Fleisch mit Leber, viel Fett und Einlagen aus Fleischstückchen, Nüssen, Trüffeln, Pistazien, Pilzen oder Trockenfrüchten. Pasteten sind zusätzlich von einem Teigmantel und Gelee umgeben.

Wiener/Frankfurter/ Bockwurst

Alle diese Brühwürstchen sind leicht geräuchert. Die besten haben eine essbare Pelle aus Naturdarm, die beim Beißen knackt (Knackwurst). Einfache »in Eigenhaut« haben gar keine. Eingedoste Wiener sind lange haltbar.

Zungenwurst

Zungenwurst ist eine Blutwurst mit gegarten Speckwürfeln, Zungen-, Fleisch- und Schwartenstücken. Blutwurst ist kleiner und enthält nur Speck.

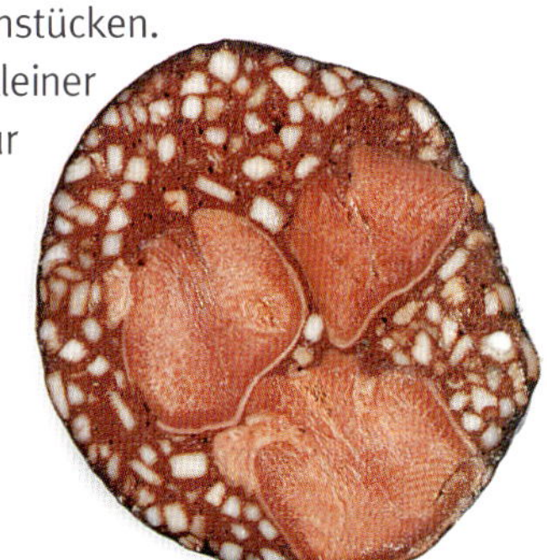

Z wie Zucker

Zucker ist für den Chemiker der Grundbaustein der Kohlenhydrate (› 5). Es gibt viele verschiedene Zucker – ihr lateinischer Name endet immer mit -ose. Die einfachste Form sind Einfachzucker wie Traubenzucker (Glukose) oder Fruchtzucker (Fruktose). Diese beiden Sorten können auch in Verbindung miteinander vorkommen, als Zweifachzucker – das ist unser normaler Zucker. In der Fachsprache heißt er Saccharose. Aber wenn wir allgemein von Zucker reden, meinen wir einfach süße, körnige, weiße Kristalle, die in Kilopacks in jedem Supermarkt zu kaufen sind.

Sklaven für den Zucker

Zucker aus Zuckerrohr stellten schon vor 1500 Jahren die Perser her – sie erfanden den Zuckerhut! Die Kreuzzüge machten Zucker im Abendland bekannt. Zuckerrohr wurde im späten Mittelalter sogar in Italien und Spanien angebaut. Kolumbus brachte das Zuckerrohr in die Karibik. Sie wurde das Zuckerzentrum der Welt. Für Ernte und Verarbeitung brauchte man unendlich viele Sklaven. Die raubte man in Afrika – deshalb ist die karibische Bevölkerung heute dunkelhäutig. Die europäischen Handelshäuser wurden mit Sklaven- und Zuckerhandel reich. Denn Zucker blieb bis zur Entdeckung der Zuckerrübe ein teurer Luxusartikel.

Die Entdeckung der Zuckerrübe

Vor 200 Jahren entdeckte ein Forscher in Berlin, dass die deutschen Runkelrüben denselben Zucker enthalten wie das tropische Zuckerrohr. Die Engländer hatten damals die Kontrolle über den Zuckerhandel. Als Napoleon mit der Kontinentalsperre England von der Welt abschnitt, wurde Zucker knapp. Es lohnte sich, eine eigene Produktion aus Zuckerrüben aufzubauen. Dabei ist es bis heute geblieben.

So entsteht Zucker

In Zuckerrübe oder Zuckerrohr bildet sich während des Wachstums Zucker. Nach der Ernte wird dieser Zucker durch Zerkleinern und Auslaugen mit Wasser, beim Zuckerrohr durch Pressen, als Sirup aus der Pflanze gewonnen. Der Sirup wird gründlich gereinigt und so lange eingekocht, bis er Kristalle bildet; dann wieder gereinigt, bis er weiß und körnig ist. Je bräunlicher der Zucker ist, desto höher ist sein ungereinigter Anteil – das ist die Melasse.

Würfelzucker und Zuckerhut

Der Zuckersirup wurde schon von den Persern vor 1500 Jahren in eine Kegelform gegossen, die unten ein kleines Loch hatte. Der Zucker kristallisierte im Kegel aus, der Sirup lief ab. Zucker wurde dann als Zuckerhut in den Handel gebracht. Heute ist er eine Rarität, die man höchstens noch für eine Feuerzangenbowle braucht. Dabei wird der Hut über die Bowle gelegt, mit Rum getränkt und angezündet. Beim Verbrennen tropft der süße Saft in den heißen Wein.

Würfelzucker sind einfach in Würfelform gepresste Zuckerstückchen. Das war zur Zeit des Zuckerhuts eine große Erfindung. Nun musste man nicht mühsam ein Stück vom Hut abzwacken, sondern brauchte nur noch eine Zuckerzange.

Pralinen, Konfekt und Bonbons

Konfekt, »in Zucker Eingelegtes«, wurde im Mittelalter nicht etwa vom Zuckerbäcker, sondern vom Apotheker hergestellt. Zucker galt als kostbare Medizin und wurde mit Heilkräutern und -wurzeln zu Pastillen, Kautabletten oder Tabletten verarbeitet. Ihm selber wurden Heilkräfte zugesprochen. Die süßen Pillen wurden so beliebt, dass sie nur zum Genuss gegessen wurden. Die Aristokratie ließ sie sich von eigenen Zuckerbäckern herstellen. So entstand im Hause des Grafen de Plessis-Praslin die erste Praline! Bonbons wurden erst viel später Mode. Woher der Name kommt, ist ja wohl klar: bon heißt gut.

Zucker-Lexikon

Karamell
Wenn du Zucker in einer Pfanne erhitzt, beginnt er zu schmelzen und dann ganz schnell braun zu werden – er karamellisiert. Das geht blitzschnell und erreicht Temperaturen von über 170°. Deshalb werden Plätzchen und Kuchen so schön braun – denn außen karamellisiert er auch im Teig.

Zuckercouleur
Das ist in Wasser gelöster, sehr dunkler Karamell. Couleur heißt Farbe auf Französisch. Und so werden mit Zuckercouleur Brot, Saucen oder Gebäck aromatisch dunkel eingefärbt.

Zucker konserviert
Zucker hat die Eigenschaft, Lebensmitteln Wasser zu entziehen. Wenn du Zucker auf Obst streust, bildet sich schnell eine Saftpfütze. Wenn ein Lebensmittel genug Zucker enthält, können sich deshalb keine Keime bilden. Die brauchen nämlich Flüssigkeit. Kandierte und Gelee-Früchte, Sirups, Konfitüren, Kekse und Konfekt werden durch genug Zucker auch ohne Hitzebehandlung haltbar.

Zuckeraustauschstoffe
Sie wurden vor allem für die Ernährung von Diabetikern (› 151) erforscht, weil sie ähnlich süß sind wie Zucker, aber von ihnen besser verwertet werden können. Die wichtigsten Austauschzucker sind Fruchtzucker (Fructose) und Sorbit, Xylit, Mannit, Isomalt und Maltit. Abgesehen von Fructose finden sich die anderen Austauschzucker in zahnfreundlichen Süßigkeiten (›151), weil sie keine Karies verursachen. Allerdings solltest du nicht zu viel davon essen: Du bekommst sonst Bauchweh und Durchfall. Für Diabetiker, die richtig behandelt werden, sind Austauschzucker nach heutiger Forschung unnötig.

Zucker-ABC

Brauner Zucker/ Farinzucker

Brauner Zucker kann auch aus Zuckerrüben hergestellt werden. Durch Karamel, etwas Melasse oder eine Prise Rohrzucker bekommt er Farbe und Aroma. Wichtig für die Weihnachtsbäckerei.

Gelierzucker

Gelierzucker ist ein Mix aus Raffinade, Apfelpektin (› 7) und Zitronen- oder Weinsäure (› 129) für die Herstellung von Marmelade, Kompott oder Gelees. Er süßt und geliert gleichzeitig.

Hagelzucker

Hagelzucker erinnert an Hagelkörner. Er besteht aus vielen zusammengewachsenen feinen Kristallen. Hagelzucker wird hauptsächlich zum Bestreuen von Plätzchen oder Hefezopf gebraucht.

Kandis

Gibt es weiß und braun. Die großen Kandiskluntje, also Brocken, werden aus Zuckerlösung gewonnen. Im Tee machen sie beim Zerspringen einen hellen Ton. Grob gemahlen heißen sie Grümmel und gehören in Printen.

Normalzucker

Weißen Zucker gibt es als preiswerte Grundsorte (Qualitätstufe 2). Oder als Raffinade oder Kristallzucker (Qualitätsstufe 1), die besonders rein, weiß und feinkörnig ist. Zucker ist bei uns immer aus Zuckerrüben.

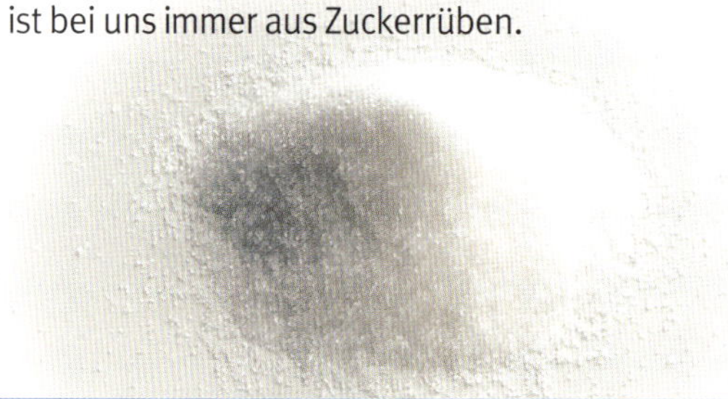

Puderzucker

Puderzucker ist staubfein gemahlen, man kann die Kristallteilchen nicht mehr fühlen. Puderzucker ist unentbehrlich für Zuckerguss und Marzipan (› 111). Weil er schnell klumpt, musst du ihn sieben.

Rohrzucker

Rohrzucker aus Zuckerrohr ist gibt es bei uns braun mit malzigem, nicht so süßem Geschmack. Er heißt auch Demerara-Zucker und schmeckt toll im Tee oder in süßsauren Gerichten wie Senffrüchten.

Würfelzucker

Kristallzucker wird befeuchtet und zum Würfel gepresst – das ist praktisch zum Süßen heißer Getränke. Ein weißer Würfelzucker wiegt 3 g. Es gibt auch braune Zuckerwürfel.

Zuckerrohrgranulat

Das ist getrockneter, gemahlener Zuckerrohrsaft. Er schmeckt sehr nach Malz und Kakao, ist nicht so süß und löst sich nicht so schnell. Er passt zu Kräutertees, in Kakao und in Müslis.

Wieviel Zucker ist in ....

1 Hand voll Gummibärchen	20	Stück Zucker (60 g)
10 Sahnebonbons	12	Stück Zucker (36 g)
1 Riegel Vollmilch-Schokolade	5	Stück Zucker (15 g)
1 Müsliriegel	2–3	Stück Zucker (6–9 g)
1 Milchschnitte	2	Stück Zucker (6 g)
5 Bounty	5	Stück Zucker (16 g)
1 Duplo	2	Stück Zucker (6 g)
1 Stück Marmorkuchen	3	Stück Zucker (10 g)
200 ml Cola	8	Stück Zucker (25 g)
200 ml Fruchtnektar	6	Stück Zucker (25 g)
1 Becher Früchtejoghurt	8	Stück Zucker (24 g)
1 Bällchen Eiscreme	2	Stück Zucker (6 g)
1 TL Nussnougatcreme	5	Stück Zucker (15 g)
1 TL Marmelade	2	Stück Zucker (6 g)

Zucker – eine Krankheit

Diabetes mellitus heißt diese Krankheit eigentlich. Das ist griechisch und bedeutet »honigsüßer Durchfluss«. In der Umgangssprache sagt man: Zucker. Beides meint dasselbe: Der Urin ist bei Diabetikern, die nicht behandelt werden, süß. Denn bei ihnen funktioniert der Transport des Zuckers vom Blut in die Zellen nicht mehr. Alle Kohlenhydrate (› 5) werden bei der Verdauung in Einfachzucker zerlegt und mit Hilfe des Hormons Insulin in die Körperzellen geschleust, um Energie zu liefern. Wenn dieser Transport nicht funktioniert, steigt der Zuckergehalt des Blutes so an, dass der Körper den Zucker über den Urin abgibt. Diabetiker müssen deshalb immer, wenn sie essen, Insulin als Medizin bekommen. Früher verbot man ihnen sogar, Zucker zu essen – sie mussten Zuckeraustauschstoffe (› 149) nehmen. Heute gelten für Diabetiker die gleichen Regeln einer gesunden Ernährung wie für gesunde Menschen.

Ist Zucker ein Vitaminräuber?

Vitaminräuber wird Zucker häufig genannt. Ganz so übel ist es nicht. Aber Zucker enthält keinen einzigen wertvollen Nährstoff außer Kohlenhydraten. Das spielt eine Rolle, wenn du mehr als ein Zehntel der Energie, die du brauchst, also etwa 50–60 g, als Zucker isst. Denn dann müssen in den restlichen 90 % der Nahrung besonders viele Vitamine, Mineralstoffe und Bioaktivstoffe enthalten sein. Je mehr Zucker du isst, desto vollwertiger muss also dein übriges Essen sein. Und das ist manchmal schwer zu schaffen. Weil nämlich Zucker in vielen Dingen versteckt ist.

Zucker und Zähne

Zucker schadet den Zähnen. Denn bestimmte Bakterien bauen ihn zu Säuren ab und zerstören damit den schützenden Zahnschmelz. Das tun aber auch andere Kohlenhydrate – alles, was du unter → Süßes findest und auch Brot oder → Obst. Aber Zucker versteckt sich oft in klebrigen Süßigkeiten, die besonders fest am Zahn haften.

Dagegen hilft nur Zähne mit fluoridhaltiger Zahnpasta zu putzen. Viel Milch trinken. Und nicht ständig zwischendurch naschen. Sonst kommst du mit dem Zähneputzen gar nicht mehr hinterher. Im Übrigen gibt es Zuckeraustauschstoffe (› 149), die von den Bakterien nicht umgebaut werden können. Süßigkeiten mit dieser Süße erkennst du am Zahnmännchen mit Regenschirm auf der Packung.

So heißt's bei unseren Nachbarn

Aprikose	Marille	
Aubergine	Melanzane	
Bärlauch	Rams	
Blumenkohl	Karfiol	
Bonbon	Zuckerl	Täfali
Brötchen	Semmeln	Mutschli, Weggli
Chicorée		Brüsseler
Eigelb	Eidotter	
Eis		Glace
Eiweiß	Eiklar	
Feldsalat	Vogerlsalat, Bummerl	Nüssler/Nüsslisalat
Frikadellen, Buletten	Fleischleiberl	Fleischdätschli
Frühkartoffeln	Heurige	
Grüne Bohnen	Fisolen	
Hähnchen	Hendl	Poulet
Hackfleisch	Faschiertes	
Hagebutte	Hetschenpetsch	
Hefe	Germ	
Holunder	Holler	
Johannisbeere	Ribiseln	Trübeli
Kartoffeln	Erdäpfel	Erdäpfel
Kohl	Kraut	Kabis
Kopfsalat	Häuptelsalat	
Krapfen, Berliner	Dalken	Berliner Pfannkuchen
Kürbis	Plutzer	
Lauch	Porré	
Liebstöckel		Maggikraut
Mais	Kukuruz	
Mangold		Krautstiel
Meerrettich	Kren	
Mehlschwitze	Einbrenn	
Möhre	Karotte	Ruebli
Nudeln		Teigwaren
Orange	Apfelsine	Apfelsine
Panade	Panier	Panier
Paprikaschoten	Peperoni	Peperoni
Pellkartoffeln		Gschwellti
Pfannkuchen	Palatschinken	Omeletten
Pfirsich	Pferscher	

Pflaumenmus	Powidl	Zwetschgenmus
Pilz	Schwammerl	
Plätzchen, Keks		Güetzli
Puderzucker	Staubzucker	
Puter	Indian	Güggeli
Quark	Topfen	Rahm, Nidle (geschlagen)
Rettich	Radi	
Rosenkohl	Kohlsprossen	
Rosine	Weimperl	
Rote Beete	Rote Rüben	Randen
Rotkohl	Blaukraut	Rotkraut
Rührei	Eierspeis	
Sauerkische	Weichsel	
Saure Sahne	Rahm	
Schlagsahne	Obers	
Schnitzel		Plätzli
Sellerie	Zeller	
Sprudel	Kracherl	
Suppengrün	Grünzeug	
Tomate	Paradeiser	Geschälte T: Pelati
Walnüsse		Baumnüsse
Wiener Würstchen	Frankfurter	Wienerli
Wirsing		Wirz
Zucker		
Zuckerschoten		Kefen

Weitere Begriffe

Ausrollen		Auswallen
Brotzeit	Jause	Z'nüni, Z'vieri
Einwecken/Einmachen	Einrexen	Einmachen
Grillen		grillieren
100 g	10 dkg (deka)	
Kasserolle	Reindl	Auflaufform
Kühlschrank	Eiskasten	Eiskasten
Messer	Nusch	
Reibe		Raffel
Scheiben	Schnitze	Schnitze
Teigrolle	Nudelwalker	Wallholz
Topf		Pfanne
Würfel		Würfeli

Museums-Adressen

In Museen kann man auf Entdeckungsreise in Sachen Lebensmitteln gehen. Es gibt einige große Spezialmuseen wie z. B. das Alimentarium in der Schweiz. Die wichtigsten findest du hier. Aber sehr viele, kleine Heimatmuseen, Bauernhofmuseen oder Museumsdörfer haben interessante Ausstellungen über Landwirtschaft, über Getreide, Backen, Ölgewinnung, Milchwirtschaft, über Vorratshaltung, Tierhaltung, Obst und Gemüse. Viele bieten gerade in punkto Kochen, Backen, Schmecken, Essen auch Kurse der Museumspädagogik speziell für Kinder an.

Alimentarium
Quai Perdonnet - CP 13
CH - 1800 Vevey
www.regart.ch/alimentarium/

Apfelmuseum Eckart Brandt
Im Moor 1, D-21712 Großenwoerden
www.boomgarden.de

Erstes Deutsches Bananenmuseum
Prof.-Haas-Str. 59, D-23730 Sierksdorf

Deutsches Brotmuseum
Salzstadelgasse 10, D–89073 Ulm

Europäisches Brotmuseum
Göttingerstr. 7, D-37136 Ebergötzingen

Eiermuseum
Steigstr. 8, D-72819 Sonnebühl

Fischmuseum in Feld am See Österreich
Schattseite 4, A- 9544 Feld am See

Fischereimuseum
D-95643 Tirschenreuth

Jagd- und Fischereimuseum Neuhaus
Adelsdorfer Straße, D-91325 Adelsdorf

Deutsches Jagd- und Fischereimuseum
Neuhauserstr. 2, D-80331 München

Geflügelmuseum
Hügelstr. 3a, D-98547 Viernau

Pilzkundliches Museum Bad Laasphe
Wilhelmsplatz 3, D-57334 Bad Laasphe
Info: BadLaasphe@t-online.de

Pilz- und Heilkräutermuseum
Mitterndorf/Österreich, Naturpark Jauerling-Wachau, Hoch Jauerling
A-3620 Spitz

Europäisches Spargelmuseum
Am Hofgraben 1, D-86529 Schrobenhausen

Spargelmuseum Beelitz
Kietz 36, D-14547 Schlunkendorf

Mühlenmuseum Mäulesmühle
D-70771 Leinfelden-Echterdingen

Internationales Wind- und Wassermühlen-Museum
Bromer Straße 2, 38518 Gifhorn
www.muehlenmuseum.de

Teemuseum Stadt Norden
Am Markt 36, www.teemuseum.de

Spicy Gewürzmuseum
Am Sandtorkai 32, D-20457 Hamburg

RAPS Gewürzmuseum auf der Plassenburg
D-95326 Kulmbach

Lehder Bauernhaus- und Gurkenmuseum
Auf der Dolzke-Insel
D-03222 Lübbenau / Spreewald

Deutsches Kartoffelmuseum
Hauptstraße 62, D-67136 Fußgönheim
Info: dkm.hkk@t-online.de

Holländisches Käsemuseum
Het Hollands Kaasmuseum
Waagplein 2 (Waaggebouw)
NL-1811 JP ALKMAAR
www.kaasmuseum.nl/de/welcome.html

Pfefferminzmuseum
Parkstraße 43, D-82223 Eichenau

Milchmuseum
Landgräfin-Jutta-Straße/Ecke Wasserstraße
99631 Weißensee/Thüringen

Obstmuseum
Gut Leidenhausen, D-51147 Köln

Südtiroler Obstbaumuseum
I-Lana, Infos über www.huggs.de

Deutsches Salzmuseum
Sülfmeisterstr. 1, D-21335 Lüneburg
Info: salzmuseum@aol.com

Imhoff-Stollwerck-Museum
Rheinauhafen 1a, D-50678 Köln
www.schokoladenmuseum.de

Conditorei-Museum
Kaiserstr. 11, D-97318 Kitzingen

Honigmuseum
Steinberg 28, D-94137 Bayerbach

Zuckermuseum
Amrumer Straße 32, D-13353 Berlin
Info: zuckermuseum@berlin.de

Österreichisches Zuckermuseum
Minoritenplatz 1, A-3430 Tulln

Register von A – Z

Rezeptregister

Sachregister

Ein riesengroßes Dankeschön!

Ohne sie alle wäre das Kochalphabet nicht entstanden:

Die Kochkinder Alena, Annabelle, Caecilia, Ilan, Jelena, Johannes, Kyra, Leandra, Leonard, Leona, Michaela, Victor, Viviane und mein jüngster Sohn Magnus haben immer wieder zwischen Schulaufgaben, Sport und Musikstunde gebrutzelt und geschnippelt, gerührt und probiert, bis unser Fotograf Peter zufrieden war. Und dann natürlich auch gefuttert, wenn alle Bilder »im Kasten« waren. Ganz nebenbei haben sie kochen gelernt, und zwar mit viel Spaß.
Das ging prima, weil Marion Feninger uns ihre riesige, wunderschöne Küche zur Verfügung gestellt hat, in der auch acht auf einmal kochen können. Ihre großen Kinder halfen mit: Lilly war Assistentin, frisierte Haare, band Schürzen und wusch auch mal ab, Leo öffnete sein Zimmer samt Aquarium, Dragon Balls und PC als heiß begehrten Pausenraum und Charlotte war eine tolle Testesserin.
Peter Nielsen, unser Fotograf, hat das Kochgeschehen aufgenommen, den Kindern in die Töpfe geschaut, Spaß gehabt, alle zum Lachen gebracht und in den Pausen mit Begeisterung Geschichten aus seinem Fotografenleben erzählt.
Daniela Schneider organisierte und begleitete jeden Kochtag, sorgte für Messer, Gabel, Topf und Teller, bestellte alle Lebensmittel bei Herrn Hofmeister, schrieb und kontrollierte das Tagesprogramm und passte auf, dass nichts schief ging.
Adelheid Schmidt-Thomé ist die Lektorin des Buches. Sie tüftelte an Texten und Kästen, gab gute Ratschläge und sorgte so dafür, dass jetzt alle wirklich wichtigen Dinge an der richtigen Stelle stehen. Weil ihre Kinder Marina und Felix im Kinderkochalter sind, weiß sie genau, wo der Hase im Pfeffer liegt.

Catharina Wilhelm hatte als Redakteurin die Fäden in der Hand – und das waren beim Kochalphabet ziemlich viele.
Das Bundesministerium für Verbraucherschutz, Ernährung und Landwirtschaft hat durch seinen Beitrag erst möglich gemacht, dass das Kinder-Koch-Alphabet erscheint – sonst wäre es nämlich für Kinder unbezahlbar. Wer starke Verbraucher und gesunde Kinder haben will, der muss sie im Einkaufen und Kochen fit machen.
Die Kinderkommission des Deutschen Bundestags, die sich ganz speziell für die Interessen von Kindern stark macht, hat das Kinder-Koch-Alphabet angeschaut und entschieden: Das empfehlen wir!

Ein weiteres Dankeschön an:
Silit für Töpfe, Pfannen, Messer und Brettchen.
Södahl für Schürzen, Topflappen, Servietten und Sets.
Soehnle für die Waage.
Hero Design für das schöne Bistro-Geschirr.
Braun für die elektrischen Küchenhelfer.

Wichtige und interessante Adressen

Bundesministerium für Verbraucherschutz, Ernährung und Landwirtschaft
Postfach 14 02 70, 53107 Bonn
www.verbraucherministerium.de oder
www.bml.de

Verbraucherliste der Gesellschaft zur Rettung der Delphine (GRD)
Kornwegerstr. 37, 81375 München
www.delphinschutz.com

Wenn du etwas über Ernährung und Lebensmittel erfahren willst: Hier gibt es zuverlässige Infos.

www.dge.de
Deutsche Gesellschaft für Ernährung
www.sve.org
Schweizer Gesellschaft für Ernährung
www.talkingfood.de
Kampagne der EU zur Lebensmittelsicherheit
www.verbraucherministerium.de
Bundesministerium für Verbaucherschutz, Ernährung und Landwirtschaft
www.aid.de
Auswertungs- und Informationsdienst für Ernährung, Landwirtschaft und Forsten
www.cma.de
Centrale Marketing Gesellschaft der deutschen Agrarwirtschaft
www.was-wir-essen.de
Verbraucherinfo des aid
www.vzbv.de
Bundesverband der Verbraucherzentralen und Verbraucherverbände
www.warentest.de Stiftung Warentest

Impressum

Bildnachweis

People- und Rezeptfotos: Peter Nielsen

Michael Brauner: S. 13, 30, 36, 37, 42, 48 (1. Reihe, 2. Reihe, Bild 1 und 3), 50, 52/53 (1. Reihe, 2. Reihe, 3. Reihe bis auf Pak Choi), 54/55 (1. Reihe bis auf Pastinaken, 2. Reihe bis auf Schwarzwurzeln, 3. Reihe), 60, 62 (3. Reihe, Bild 1), 68/69, 70, 92/93 (bis auf Pimpinelle), 114/115 (1. Reihe, 2. Reihe, 3. Reihe bis auf Litchi), 116/117 (1. Reihe bis auf Mirabelle, 2. Reihe, 4. Reihe bis auf Trockenfrüchte), 124 (bis auf Römischer Salat), 142 (1. Reihe Bild 1, 3. Reihe),

Peter von Felbert: S. 46, 74, 80, 130

Kai Mewes: S. 42 (o. Mitte)

Stockfood: S. 22, 37 (u. Mitte), 66, 90

Fotostudio Teubner: S. 48 (2. Reihe Mitte, 3. Reihe) 50, 52/53 (3. Reihe Bild 4), 54/55 (1. Reihe, Bild 1, 2. Reihe, Bild 3), 62, 81, 82/83, 86, 88, 92 (3. Reihe li.), 110, 115 (3. Reihe Mitte), 116/117 (1. Reihe Bild 4, 3. Reihe Bild 2), 124 (3. Reihe Mitte), 126, 127, 138, 140, 142 (1. Reihe re., 2. Reihe, 4. Reihe), 146/147, 148, 149

Alexander Walter: S. 12, 108, 112, 122

Raith/Eltern/Picture Press: Titel (rechts)

ZEFA Bildagentur: S. 10 li.

Deutsches Teigwaren-Institut: S. 106 li.

Info-Zentrum Schokolade: S. 132 u., 133

Kellogg's Deutschland GmbH: S. 60

Langnese-Iglo GmbH: S. 136 o. li., S. 36 (1. Reihe links)

Silit: Klappe C, S. 106 u.

Die Freiburger Ernährungswissenschaftlerin **Dagmar Freifrau von Cramm** gilt seit langen Jahren als die Expertin für alle Themen rund um Kinderernährung. Die Journalistin schreibt nicht nur regelmäßig für renommierte Zeitschriften und berät TV-Sender in Sachen Kinderernährung, sie ist auch als Moderatorin oder Teilnehmerin von wissenschaftlichen Symposien zu dem Thema eine gesuchte Ansprechpartnerin. Nun fand die Mutter dreier Söhne endlich auch die ersehnte Gelegenheit, ernährungsinteressierten und kochbegeisterten Kindern und Jugendlichen ein umfassendes Lexikon und Kochbuch zusammen zu stellen.

Peter Nielsen gehört zu den Fotografen, die Kindern das Gefühl geben können, völlig unbeobachtet zu sein. So entstanden auch für dieses Buch die Fotos mit den 14 Koch-Kids mit viel Spaß und in entspannter Atmosphäre.

DAS ORIGINAL · GU · MIT GARANTIE

Das Original mit Garantie

Ihre Meinung ist uns wichtig. Deshalb möchten wir Ihre Kritik, gerne aber auch Ihr Lob erfahren. Um als führender Ratgeberverlag für Sie noch besser zu werden. Darum: Schreiben Sie uns!
Wir freuen uns auf Ihre Post und wünschen Ihnen viel Spaß mit Ihrem GU-Ratgeber.

Unsere Garantie:
Sollte ein GU-Ratgeber einmal einen Fehler enthalten, schicken Sie uns das Buch mit einem kleinen Hinweis und der Quittung innerhalb von sechs Monaten nach dem Kauf zurück.
Wir tauschen Ihnen den GU-Ratgeber gegen einen anderen zum gleichen oder ähnlichen Thema um.

Ihr Gräfe und Unzer Verlag
Redaktion Kochen
Postfach 86 03 25
81630 München
Fax 089/419 81-113
e-mail: leserservice@graefe-und-unzer.de

Redaktionsleitung: Birgit Rademacker
Redaktion: Catharina Wilhelm
Lektorat: Adelheid Schmidt-Thomé
Schlusskorrektur: Mischa Gallé
Cover und Layout: Independent Medien-Design, Ingrid Schachtner
Illustrationen: Saskia Kölliker
Herstellung: Renate Hutt
Gestaltung und Satz:
Buchhaus Robert Gigler GmbH
Repro: Repro Ludwig, Zell am See
Druck und Bindung:
Druckerei Kaufmann, Lahr

Ein großes Danke für Beratung und Unterstützung geht an:
Jenny und Sigrid Burghard; Anke und Chiara Fischer; Annelie, Frederick und Katharina Frantzen; Simone Fürbringer; Matthias Hähnel, Claudia Haug; Nicola von Jan; Anne Raab und die Kinder der Kindertagesstätte Simmernstraße in München; Markus Röder; Petra Sammer und ihr Ketchum-Team; Felix und Marina Schmidt-Thomé; Helga und Rolf Wilhelm.

ISBN 3-7742-4916-4

Auflage	4	3	2	1
Jahr	2005	2004	2003	2002

Richtig einkaufen

Einkaufszettel

Ein Einkaufszettel spart Geld und Zeit: Schreibe dir auf, was du benötigst. So vergisst du nichts und vielleicht schaffst du es auch, nur das zu kaufen, was du wirklich brauchst.

Was kaufe ich wann?

- Leicht verderbliche Sachen wie Hackfleisch, Geflügel, Fisch, Salat, Kräuter und Beeren möglichst am Kochtag einkaufen.
- Frisches Gemüse, Obst, Frischmilch und Fleisch halten sich 1–2 Tage.
- Konserven und Trockenprodukte wie Mehl, Flocken, Nudeln, Reis, Trockenfrüchte, H-Milch sowie Getränke kann man einige Monate lagern.

Handelsklassen bei frischen Lebensmitteln

Frische, unveränderte Lebensmittel müssen auch bestimmte Vorschriften erfüllen. Handelsklassen (› 7) gelten für Obst und Gemüse. Sie stehen entweder (zusammen mit Herkunft und Preis) auf der Auszeichnung oder auf dem Etikett.

Gütesiegel

Folgende Gütesiegel geben dir die Sicherheit,

- dass die Tiere artgerecht gehalten werden, also vor allem genug Auslauf haben
- dass sie hauptsächlich mit selber erzeugtem Biofutter gefüttert werden – nie mit Tiermehl
- dass kein chemischer Pflanzenschutz und kein Mineraldünger verwendet werden
- dass das alles wirklich kontrolliert wird:

In Deutschland gibt es seit 2001 das sechseckige Bio-Siegel, in Österreich das Ama Biozeichen, in der Schweiz Bio Suisse.
Darüber hinaus gibt es noch viele Bioverbände, die ihr eigenes Zeichen haben.

Übergreifend gibt es seit 2001 das EU-Ökosiegel, das in der ganzen Europäischen Union gilt.

Produkte mit anerkannten Ökosiegeln sind manchmal etwas teurer als andere – aber dafür genießt du hervorragende Lebensmittel und tust etwas für deine Umwelt und die Tiere.